财务会计类专业精品课程规划教材

成本核算与管理

- 主　审　郑在柏
- 主　编　李　辉　李　赞　李　利

苏州大学出版社
Soochow University Press

图书在版编目(CIP)数据

成本核算与管理 / 李辉,李赞,李利主编. —苏州:苏州大学出版社,2022.7(2025.7重印)
五年制高等职业教育会计类专业精品课程系列教材
江苏联合职业技术学院院本教材　经学院教材审定委员会审定通过
ISBN 978-7-5672-3568-7

Ⅰ. ①成… Ⅱ. ①李…②李…③李… Ⅲ. ①成本计算－高等职业教育－教材 ②成本管理－高等职业教育－教材 Ⅳ. ①F231.2②F275.3

中国版本图书馆 CIP 数据核字(2021)第 145097 号

成本核算与管理

李　辉　李　赞　李　利　主编

责任编辑　薛华强

苏州大学出版社出版发行
(地址:苏州市十梓街1号　邮编:215006)
丹阳兴华印务有限公司印装
(地址:丹阳市胡桥镇　邮编:212313)

开本 787 mm×1 092 mm　1/16　印张 8.25　字数 202 千
2022 年 7 月第 1 版　2025 年 7 月第 8 次修订印刷
ISBN 978-7-5672-3568-7　定价:29.00 元

若有印装错误,本社负责调换
苏州大学出版社营销部　电话:0512-67481020
苏州大学出版社网址　http://www.sudapress.com
苏州大学出版社邮箱　sdcbs@suda.edu.cn

前言

本书是为适应五年制高等职业教育会计类专业课程改革和成本核算与管理精品课程建设，在会计专业人才培养方案和成本核算与管理课程标准的基础上，由江苏联合职业技术学院会计专业协作委员会开发编写的精品课程教材。本书在编写过程中，力求以案例为导向，坚持理实一体化的原则，以知识和能力训练两条教学主线的融合为切入点，以重构课程知识体系和能力训练体系为要求，全面立体呈现教材，达到以学生为主体，有所创新、有所特色，适应高职财经专业教学的开发目标。

本书主要依据新《企业会计准则》和国家现行有关成本核算管理规定以及我国已颁布的管理会计基本指引和相关应用指引，按照高职会计类专业人才培养方案的要求，努力吸收成本会计核算和管理领域新的研究成果，重点结合教师实际教学的经验总结编写而成，特别强调成本会计业务操作技能的培养和训练。

本书在下列几个方面进行了创新和探索：

一是打破传统成本会计教材体例，探索项目课程教学的新思路。全书划分为八个教学项目，由浅入深、由简单到复杂，以"项目描述"为导向，以"案例导入"和"任务实施"为抓手，通过"知识储备"模块为学生提供理论基础和方法思路，结合"二维码微课知识点""拓展知识""课程思政"等教学交互模块，促进学生巩固应知应会的基本知识和操作技能，具有较强的创新性和可操作性。对于每一项目教学内容，均设有"职业能力训练"，在教材体例的安排上更加贴近成本会计的实践活动，构建了以能力为本位、任务驱动型的新的成本会计实务教学内容结构体系。

二是以"品种法""分批法""分步法""变动成本法""作业成本法""标准成本法""成本报表与成本管理分析报告"等教学内容培养学生系统的成本核算与管理能力。系统地学习、掌握产品成本核算与管理技能，仍然是高职会计专业人才培养目标的基本要求，本书兼顾成本核算与管理的前沿成果，对高职专业学生提出成本会计实务学习上的深层次要求，有利于学生在社会实践中更好地发挥专业才能。

三是建立了立体、层次性教学内容体系。通过大量的重要提示、知识链接、案例资料等教学内容编排，使教材具有可读性、趣味性、实践性，教材体例新颖、模块化突出，内容的层次性较强，有利于学生培养学习兴趣和自学能力,也为教师教学提供了大量教案素材和教学思路。

四是建立了课程思政内容体系。每一个项目,都配有"课程思政",力图实现以学生为主体、教师为主导的教学过程引导,并通过"课程思政"的引入,全面评价学生的学习效果。

本教材由徐州财经分院李辉教授、李赞老师、李利副教授担任主编,制定编写大纲,设计教材体例,提出编写方案并统稿、总纂。"项目一 产品成本核算基本知识认知"由李辉编写,"项目二 品种法下成本的计算"由李赞编写,"项目三 分批法下成本的计算"由徐州财经分院万广伟编写,"项目四 分步法下成本的计算"由徐州财经分院胡佳睿编写,"项目五 变动成本法"由徐州财经分院任邦齐和如东分院刘杰编写,"项目六 作业成本法"由徐州财经分院王婕编写,"项目七 标准成本法"由徐州财经分院程晓鹤编写,"项目八 成本报表与成本管理分析报告"由徐州财经分院张依晨和无锡旅游商贸分院金其森编写。全书由徐州财经分院郑在柏教授主审。

本书是在江苏联合职业技术学院刘克勇院长的关心、支持和精心指导下立项编写的。徐州财经分院郑在柏老师为本书资料收集和整理做出了贡献。本教材付梓前在徐州财经分院经过一个学期的教学试用,很多老师提出了宝贵的修改意见。另外,在教材编写过程中,我们也参考了目前最新成本会计实务和管理会计实务教研成果和教材,在此一并表示衷心感谢。

本书主要适用于五年制高等职业教育财经类专业,也适用于三年制高等职业教育、中等职业教育财经类专业,还可以作为会计从业人员的学习用书。由于时间仓促,编写水平有限,不足之处难免,望广大同仁不吝赐教,在此深表谢意。

编 者
2021 年 4 月 18 日

CONTENTS 目录

项目一　产品成本核算基本知识认知　　001

项目二　品种法下成本的计算　　011
　　任务一　认识品种法成本计算的基本程序　　011
　　任务二　品种法成本计算的应用　　015

项目三　分批法下成本的计算　　046
　　任务一　一般分批法　　046
　　任务二　简化分批法　　053

项目四　分步法下成本的计算　　060
　　任务一　逐步结转分步法　　060
　　任务二　平行结转分步法　　071

项目五　变动成本法　　079
　　任务一　变动成本法与完全成本法产品成本的计算　　079
　　任务二　变动成本法与完全成本法损益的计算　　083
　　任务三　变动成本法的评价　　088

项目六　作业成本法　　　　　　　　　　　　　090

　　任务一　作业成本认知　　　　　　　　　　090
　　任务二　作业成本的计算　　　　　　　　　097

项目七　标准成本法　　　　　　　　　　　　106

　　任务一　标准成本的确定　　　　　　　　　107
　　任务二　成本差异的计算与分析　　　　　　111

项目八　成本报表与成本管理分析报告　　　　116

项目一

产品成本核算基本知识认知

 项目描述

本项目主要讲解产品成本的开支范围、产品成本核算的基本程序、生产工艺的组织特点及对成本计算方法选择的影响,通过本项目的学习,学生能熟知产品成本的基本概念、构成内容、核算原理、核算的一般程序和生产工艺特点并掌握对成本计算方法的选择,提高实践能力。

 **学习目标**

1. 了解产品成本的构成内容及其特征
2. 理解产品成本核算的一般程序
3. 理解生产工艺的组织特点及对成本计算方法选择的影响
4. 能说出生产费用要素和产品成本项目
5. 会根据生产特点和管理要求,选择成本计算方法
6. 能进行单一产品成本的计算

 任务描述

本任务主要引导学生通过对单一产品成本的核算,认知产品成本的构成,进而能够根据单一产品成本的计算,理解生产工艺的组织特点及对成本计算方法选择的影响。

 案例导入

徐州点点食品有限公司是一家小型手抓饼生产企业,生产经营过程单一,只生产一种产品——点点手抓饼。2020年8月,投产生产点点手抓饼80 000个,单个售价1.5元。假设没有期初和期末在产品,本月企业发生的费用如表1-1所示。

表1-1　　徐州点点食品有限公司的月产支出汇总表

项目名称	项目明细	金额
1. 耗用的材料	面粉 8 000 千克，每公斤 1.7 元	13 600 元
	鸡蛋 300 千克，每公斤 8.2 元	2 460 元
	色拉油 300 千克，每公斤 12 元	3 600 元
2. 耗用的电费	生产耗用：12 000 元	12 400 元
	照明耗用：400 元	
3. 耗用的水费	生产耗用：4 000 元	4 200 元
	照明耗用：200 元	
4. 职工薪酬	生产工人：12 500 元（3 人）	17 500 元
	管理人员：5 000 元（1 人）	
5. 生产部门的其他费用	厂房租金 10 000 元，机器设备折旧费 2 000 元（原值 200 000 元，月折旧率 1%），办公费 440 元，差旅费 600 元，劳保用品 400 元	13 440 元

要求：根据以上资料，通过费用要素计算手抓饼的总成本和单位成本。

知识储备

一、产品生产成本

（一）产品生产成本的一般含义

成本是会计理论和实务中的一个非常重要的概念。从理论上说，成本是指为达到特定目的发生或应该发生的价值牺牲，它可用货币单位加以衡量。这个定义有三层含义：第一，成本是一种价值牺牲；第二，这种价值牺牲是为了一定目的，通常是指与经营目的有关所消耗的价值；第三，成本可以用货币计量，即成本最终都必须以货币来表现。

（二）产品成本的现实内容及其特征

1. 产品成本的现实内容

产品成本的现实内容是指由国家统一制定的产品成本开支范围规定的成本内容，亦称为产品制造成本，它是企业为生产一定数量和种类的产品所发生的全部生产性支出。

2. 产品成本开支范围

现行企业财务通则和会计制度对产品成本开支范围的规定主要包括如下内容。

(1) 为制造产品而消耗的原材料、辅助材料、外购半成品和燃料的原价及运输、装卸、整理等费用。

(2) 为制造产品而耗用的动力费,如水、电、煤气、蒸汽等。

(3) 企业车间、分厂等生产单位支付给职工的工资、奖金、津贴、补贴和提取的福利费等职工薪酬。

(4) 生产用固定资产折旧费、租赁费(不包括固定资产融资租赁费)和低值易耗品摊销费。

(5) 企业生产单位因生产原因发生的废品损失以及季节性、修理期间的停工损失。

(6) 企业生产单位为管理和组织生产而支付的办公费、取暖费、水电费、差旅费以及运输费、保险费、设计制图费、试验检验费和劳动保护费等。

3. 产品成本特征

成本的理论内涵和现实内容说明,产品成本具有以下特征。

(1) 成本是经济资源的耗费。因为,生产经营过程同时也是资产的耗费过程。例如,为了生产产品需要耗费原材料、磨损固定资产以及用现金支付工资等。

不得列入产品成本的内容

(2) 成本是以货币计量的耗费。产品成本是以货币计量的,没有支付货币的耗费,如生产对环境的影响等,只要企业对此不须支付现金,就不能计入产品成本。

(3) 成本是特定对象的耗费。成本总是针对特定对象而言的,即成本是针对特定的产出物计算归集并转移到特定产出物上的耗费。这个产出物称为成本计算对象,它是成本的承担者,可以是一件产品或一项服务。

(4) 成本是正常生产经营活动的耗费。只有生产经营活动的正常耗费才能计入产品成本,并通过实现的收入予以补偿,从而正确反映生产经营活动的正常获利能力。因此,非正常的、意外的耗费不计入产品成本,而应直接列入期间费用或损失。

二、生产费用要素和产品成本项目

(一) 生产费用要素

企业产品生产过程也是劳动对象、劳动手段和活劳动的耗费过程。生产费用要素就是企业产品生产经营过程中发生的物化劳动耗费和活劳动耗费的内容按照其经济性质划分的类别。实务中,为了便于分析和利用,通常划分以下七项生产费用要素。

(1) 外购材料。指企业耗用的一切从外部购入的原料及主要材料、半成品、辅助材料、包装物、修理用备件、低值易耗品和外购商品等。

(2) 外购燃料。指企业耗用的一切从外部购入的各种燃料,如煤、油、液化气、天然气等。

(3) 外购动力。指企业耗用的从外部购入的各种动力,如电力、蒸汽等。

(4) 职工薪酬。指企业发生的全部职工的工资薪酬和福利费等。

(5) 折旧费。指企业提取的固定资产折旧。

(6) 税金。指企业生产经营过程中发生的土地使用税、房产税、车船税、印花税等,以及税金及附加和所得税费用,但是,不包括产品增值税。

(7) 其他支出。指不属于以上各要素的其他耗费,如邮电通信费、差旅费、租赁费、固定资产修理费、外部加工费等。

生产费用

(二) 产品成本项目

产品制造成本按经济用途划分的项目,称为产品成本项目,是企业计算产品成本过程中成本分类的主要内容,包括如下几个方面。

(1) 直接材料。指直接用于产品生产并构成产品实体的原料及主要材料、外购半成品以及有助于产品形成的辅助材料和其他材料。例如,面粉、鸡蛋是制造蛋糕并构成其实体的主要材料,原棉是生产棉纱并构成其实体的原料,油漆是有助于家用电器等产品形成的辅助材料等。

(2) 直接人工。指参加产品生产的一线工人工资以及按其工资总额和规定比例提取的职工福利费等职工薪酬。

(3) 制造费用。指生产单位在组织和管理产品生产活动中为产品生产所发生的那些除了直接材料、直接人工以外的各种间接费用,如生产单位管理人员工资和福利费、机物料消耗、低值易耗品摊销、固定资产折旧费等。

> ☞ **重要提示**
>
> **成本项目组合形成新的成本概念**
>
> 对产品制造成本中直接材料、直接人工和制造费用三个项目按照不同方式进行组合,又可以得到一些不同的成本概念。其中,直接材料和直接人工之和,称为主要成本,它们构成产品成本的主要部分;直接人工和制造费用之和,则称为加工成本,它是指产品加工时所发生的各项加工费用。

由于各企业生产特点不同,可根据各项费用支出的比重和成本管理的要求,在上述统一成本项目的基础上,按需要适当增加项目,如可以单设"外购半成品""外部加工费""燃料和动力""废品损失"等项目。

成本项目

三、产品成本核算的基本程序

（一）确定成本计算对象

成本计算对象是指成本计算的目标，是生产费用归集和分配的对象，即生产费用的承担者。

（二）确定成本计算期

成本计算期，是指产品成本计算的周期，即企业究竟要在多长的时间里归集费用和计算产品成本。成本计算的周期，与产品生产周期和会计报告期可能是一致的，也可能是不一致的，主要取决于生产组织的特点。一般来说，大量大批（包括单步骤和多步骤）生产的企业，按月计算成本，成本计算期与会计报告期一致，与生产周期不一致；小批单件生产的企业，是在每批产品完工后计算批别产品成本，成本计算期与生产周期一致，与会计报告期不一致。

（三）确定成本项目及成本计算所运用的账户体系

成本项目是根据成本管理的目的和要求，对成本构成内容按经济用途进行的分类。我国制造业成本项目一般包括直接材料、直接人工和制造费用。企业可以根据生产特点和管理要求，适当增设一些成本项目，如燃料和动力、废品损失等。

为了满足成本计算的基本需要，企业应该建立成本计算的账户体系，包括"生产成本"账户和"制造费用"账户，同时，为核算期间费用，还应设置"管理费用"账户、"销售费用"账户、"财务费用"账户、"长期待摊费用"账户等，用于归集发生的各种直接或间接性生产费用，并计算产品成本。有关"生产成本"账户、"制造费用"账户的结构参见图1-1、图1-2。

"生产成本"

登记：企业生产过程中发生的各项直接材料、直接人工，并登记结转的制造费用	登记：生产完工的产成品实际成本
期末余额：尚未加工完成的在产品成本	

图1-1 "生产成本"账户结构

"制造费用"

登记：各车间、各部门发生的制造费用	登记：月末分配结转的制造费用

图1-2 "制造费用"账户结构

(四) 生产费用的归集、分配与产品成本的计算

取得反映各项生产费用发生的原始凭证及有关资料,应分别按生产费用要素进行汇总,然后按其用途编制各项生产费用分配表,计入有关生产费用明细账。对于直接用于生产产品或提供劳务发生的直接费用,直接计入"基本生产成本""辅助生产成本"总分类账户及其所属的产品或劳务生产成本明细账(成本计算单);对于各车间所发生的制造费用,分别计入"制造费用"总分类账户及其所属的各车间制造费用明细账。成本计算期末,将"辅助生产成本"归集的费用按其受益对象,采用适当的分配标准分配计入"基本生产成本""制造费用""管理费用"等有关账户及其明细账中,然后将"制造费用"归集的基本生产车间的间接性费用分配给所生产的各种产品,计入各种产品成本明细账。对于各成本计算对象的成本明细账中归集的全部生产费用,月末要在其完工产品和在产品之间进行划分,最终计算出完工产品成本。

(五) 编制产品成本计算表,结转完工产品成本

通过上述步骤把生产费用在本期完工产品与期末在产品之间进行分配,并计算出本期完工产品的总成本。为了反映各产品的总成本、单位成本及其构成情况,并为将本期完工产品成本从"生产成本"账户转入"库存商品"账户提供依据,必须编制产品成本计算表,它是成本计算的最后步骤。产品成本计算表一般按成本项目分别列示各成本计算对象的总成本和单位成本,以反映其成本的构成情况。根据编制的产品成本计算表,做完工产品入库、结转生产成本的会计处理,至此整个成本计算过程才算完成。产品成本计算表如表1-2所示。

表1-2　　　　　　　　　　产品成本计算表

年　　月　　日　　　　　　　　　　　　　　　　　　　　　　　　单位:元

车间名称	产品名称	成本项目	月初在产品成本	本月生产费用	生产成本合计	产量			单位成本	完工产品成本	月末在产品成本
						完工产品产量	在产品约当产量	产量合计			
生产车间		直接材料									
生产车间		直接人工									
生产车间		制造费用									
	小计										
生产车间		直接材料									
生产车间		直接人工									
生产车间		制造费用									
	小计										
合计											

四、企业生产类型及其特点

(一) 企业生产类型按工艺技术分类

工业企业的生产类型,从工艺技术过程来看,基本上可分为连续式生产和装配式生产两大类型。

1. 连续式生产

(1) 连续式生产的含义。连续式生产是指产品的生产过程要经过若干个连续的生产步骤。其特点是原材料从第一个生产步骤投入,经第一个生产步骤制造加工后,依次转移到第二、第三等后续生产步骤继续进行加工制造,直到最后一个步骤加工成为最终的产成品。发电、采煤、自来水、化工、炼油、造纸、食品、水泥等是连续式生产的典型。

(2) 连续式生产的种类。连续式生产又可根据其生产过程是否可以间断,分为连续式的简单生产和连续式的复杂生产。

① 连续式简单生产(亦称为单步骤生产)。连续式简单生产,是指在生产工艺技术要求上,各个生产步骤之间不可以中断,即自原材料投入生产后,各个生产步骤之间在时间上是不可以中断的,直到最终生产出产成品为止。这种连续式生产一般表现为单步骤生产,其特点是,各个中间生产步骤加工完成的在制品必须全部转移到下一个生产步骤继续加工。发电厂电力产品的生产过程是典型的单步骤生产类型。

② 连续式复杂生产。连续式复杂生产,是指在生产工艺技术要求上,各个生产步骤之间在时间上可以是不连续的,亦称为多步骤复杂生产。其特点是,除最后一个生产步骤完工的产成品外,其他各个中间生产步骤生产完成的都是半成品。如纺织企业从棉花到棉纱再到棉布的生产、钢铁厂从铁矿石到铁锭再到钢产品的生产,都属于这种生产类型。

2. 装配式生产

所谓装配式生产,是指原材料平行地投入到各个生产车间,加工为产品的某一部分(如产品的零部件等),然后再集中到其他生产车间(如总装车间)进行装配,最终制造出产成品。这种生产类型也属于多步骤的复杂生产,只是其各个步骤的生产是同时进行或平行进行的,这样,其各个生产步骤在会计期末都将有期末在产品。所谓在产品是指仍然处于加工中的产品。例如,机械厂对机械产品的制造、自行车厂对自行车的制造、汽车制造厂对各种汽车的制造、服装生产企业的服装生产等,都是属于这种类型的生产。

(二) 企业生产类型按生产组织分类

所谓生产组织,是指企业产品生产的方式,它体现着企业生产专业化和生产过程重复程度的高低。企业的生产组织分为大量生产、成批生产和单件生产三种不同的类型。

1. 大量生产

大量生产是指企业在某一会计期间重复大量地生产某一种或几种特定的产品。这种生产类型的企业生产的产品品种较少,规格单一,但每种产品的产量比较大,生产专业化水平比较高。例如自来水厂、面粉厂、化工厂、采掘企业、钢铁制造企业、造纸企业等。

2. 成批生产

成批生产是指企业在某一会计期间按照不同品种、规格生产一定批量的产品。这种生产类型的企业所生产的产品品种一般都比较多，而且不同品种的产品又有不同的规格，产品产量的大小不固定。例如，服装厂服装的生产、机械厂机械产品的生产等，都属于这种生产组织类型。

3. 单件生产

单件生产是指企业在某会计期间所生产的数量少、种类多的产品。它一般是按客户要求的规格和数量来组织生产。其特点是，根据客户订单组织产品生产，品种、规格多，但每种产品的数量较少，订单完成后该规格产品一般不再重复生产。例如造船厂船舶的生产、重型机械厂重型机械的生产、飞机制造等，都属于这种生产组织类型。

（三）生产工艺技术与生产组织的结合

工艺技术与生产组织结合形成的不同生产特点如图 1-3 所示。

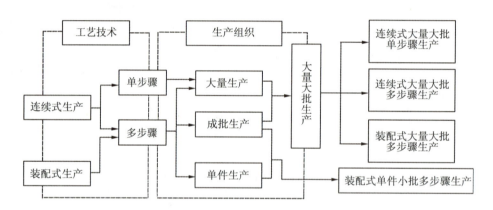

图 1-3　工艺技术与生产组织结合图示

可见，企业生产特点可以由于工艺技术和生产组织的结合表现为如下几种情况：
（1）连续式大量大批单步骤生产；
（2）连续式大量大批多步骤生产；
（3）装配式大量大批多步骤生产；
（4）装配式单件小批多步骤生产。

五、成本计算方法的选择

（一）产品成本核算的基本方法及其适用的生产组织类型

产品成本核算的基本方法主要有品种法、分批法、分步法等。其中，品种法是最基本的方法，主要适用于大量、大批、单步骤生产企业，以及管理上不要求分步计算产品成本的大量、大批、多步骤生产企业；分批法主要适用于单件、小批生产企业；分步法主要适用于大量、大批、多步骤生产企业和管理上要求分步骤计算产品成本的连续式复杂生产企业。具体如

表 1-3 所示。

表 1-3　产品成本计算的基本方法及其适用的生产组织类型

成本计算方法	成本计算对象	生产工艺特点及其适用的生产组织类型	管理要求	成本计算期	在完工产品与在产品之间分配	企业类型
品种法	产品品种	单步骤生产	不要求分步计算成本	定期按月（月会计报告期）	有在产品，需要分配	发电、采掘
		多步骤生产				
分批法	产品批别	单步骤生产	不要求分步计算成本	不定期（生产周期）	一般期末无在产品，不需分配	船舶、机械制造等
		多步骤生产				
分步法	产品生产步骤	多步骤生产	要求分步计算成本	定期按月（月会计报告期）	一般月末有在产品，需要分配	炼钢、纺织等

（二）产品成本的辅助核算方法

产品成本的辅助核算方法主要有分类法、定额法等。其中，分类法是以产品类别归集生产费用，再按一定标准在类内各产品之间进行分配，计算各种产品成本的一种方法，适用于品种丰富、规格繁多的企业；定额法是以产品的定额成本为基础，加减脱离定额差异，进而计算产品实际成本的方法，适用于产品已经定型、机构及工艺稳定、定额管理制度健全的企业。

任务实施

由于徐州点点食品有限公司的生产属于单步骤、大量生产，而且没有在产品，所以，其手抓饼成本计算适用简单法，即以点点手抓饼为成本计算对象，按照费用要素归集点点手抓饼生产过程中发生的全部生产费用作为点点手抓饼产品生产成本的一种成本计算方法。

根据【案例导入】的资料，做会计分录如下：

(1) 归集材料的消耗：

借：生产成本——点点手抓饼——直接材料　　　　　　　　　　19 660
　　贷：原材料——面粉　　　　　　　　　　　　　　　　　　13 600
　　　　　　　——鸡蛋　　　　　　　　　　　　　　　　　　 2 460
　　　　　　　——色拉油　　　　　　　　　　　　　　　　　 3 600

(2) 归集电费的消耗：

借：生产成本——点点手抓饼——直接材料　　　　　　　　　　12 000
　　管理费用　　　　　　　　　　　　　　　　　　　　　　　　 400
　　贷：预付账款　　　　　　　　　　　　　　　　　　　　　12 400

(3) 归集水费的消耗：

借：生产成本——点点手抓饼——直接材料　　　　　　　　　　4 000
　　管理费用　　　　　　　　　　　　　　　　　　　　　　　200
　　贷：银行存款　　　　　　　　　　　　　　　　　　　　　　4 200

(4) 归集职工薪酬费用：

借：生产成本——点点手抓饼——直接人工　　　　　　　　　12 500
　　管理费用　　　　　　　　　　　　　　　　　　　　　　5 000
　　贷：应付职工薪酬——工资等　　　　　　　　　　　　　17 500

(5) 生产部门的其他费用：

借：生产成本——点点手抓饼——制造费用　　　　　　　　　13 440
　　贷：累计折旧　　　　　　　　　　　　　　　　　　　　2 000
　　　　银行存款等　　　　　　　　　　　　　　　　　　11 440

该企业 2020 年 8 月生产点点手抓饼 80 000 个的生产成本就是当月发生的全部生产费用，归集、计算结果见表 1-4。

表1-4　　　　徐州点点食品有限公司——点点手抓饼成本计算单

2020 年 8 月　　　　　　　　　　　　　　　　　　　　　　　　单位：元

成本项目	生产费用(实际成本)	成本项目	生产费用(实际成本)
材料	19 660	其他费用	13 440
电费	12 000	总成本	61 600
水费	4 000	产量/个	80 000
职工薪酬	12 500	单位成本	0.77

根据表 1-4，编制完工产品成本结转的会计分录：

借：库存商品——点点手抓饼　　　　　　　　　　　　　　　61 600
　　贷：生产成本——点点手抓饼——直接材料　　　　　　　35 660
　　　　　　　　——点点手抓饼——直接人工　　　　　　　12 500
　　　　　　　　——点点手抓饼——制造费用　　　　　　　13 440

项目二

品种法下成本的计算

 项目描述

产品成本核算的品种法是产品成本核算的最基本方法。正确合理计算产品成本,可以提高企业的素质,增强企业的竞争力。本项目先介绍各种费用的归集和分配,进而对生产费用在完工在产品之间的分配进行阐述。通过本项目的学习,学习者能够加强对产品成本在品种法下计算的分析,进而帮助管理者做出正确的经营决策。

学习目标

1. 掌握产品成本计算品种法的概念、特点和适用范围
2. 熟悉品种法中各种费用归集和分配的方法及相应的账务处理
3. 能够正确计算各品种产品完工总成本和单位成本

 任务一 认识品种法成本计算的基本程序

 任务描述

产品成本计算的品种法,是以产品品种为成本计算对象,归集生产费用、计算产品成本的一种方法。此方法适用于单步骤大量大批生产的企业,也适用于生产规模较小、管理上不要求计算半成品成本的大批量、多步骤生产类型的企业。江苏东方糖果有限公司属于糖果生产企业,适用于品种法计算产品成本,会计人员该如何运用此种方法计算产品成本呢?下面就让我们来认识一下品种法下成本的计算。

案例导入

江苏东方糖果有限公司主要生产硬糖和软糖两种产品。该企业设有一个基本生产车间,两个辅助生产车间(供电车间和供气车间);企业成本核算采用品种法,月末完工产品和在产品之间的费用分配采用约当产量法,两种产品的原材料都在生产开始时一次投入,加工费用发生比较均衡,月末在产品完工程度均为50%。

该公司2020年8月生产硬糖、软糖两种产品,本月有关成本计算资料如下。

(1)月初在产品成本。硬糖、软糖两种产品的月初在产品成本见表2.1-1。

表2.1-1　　　　　　　　硬糖、软糖月初在产品成本资料表

2020年8月　　　　　　　　　　　　　　　　　单位:元

摘要	直接材料	直接人工	制造费用	合计
硬糖月初在产品成本	328 000	64 939	7 365	400 304
软糖月初在产品成本	247 480	32 816	6 702	286 998

(2)本月生产数量。硬糖本月完工1 000件,月末在产品200件,实际生产工时200 000小时;软糖本月完工400件,月末在产品80件,实际生产工时100 000小时。

(3)本月发生生产费用如下:

① 本月发出材料汇总表见表2.1-2。

表2.1-2　　　　　　　　　　发出材料汇总表

2020年8月　　　　　　　　　　　　　　　　　单位:元

领料部门和用途	材料类别			合计
	原材料	周转材料——包装物	周转材料——低值易耗品	
基本生产车间耗用:				
硬糖耗用	1 600 000	20 000		1 620 000
软糖耗用	1 200 000	8 000		1 208 000
硬糖、软糖共同耗用	56 000			56 000
车间一般耗用	4 000		200	4 200
辅助生产车间耗用:				
供电车间耗用	2 000			2 000
供气车间耗用	2 400			2 400
厂部管理部门耗用	2 400		800	3 200
合计	2 866 800	28 000	1 000	2 895 800

备注:生产硬糖、软糖两种产品共同耗用的材料,按硬糖、软糖两种产品直接耗用原材料的比例进行分配。

② 本月工资结算汇总表(简化格式)见表2.1-3。
③ 本月五险、工会经费、职工教育经费计提表见表2.1-4。
④ 本月以现金支付的费用为5 760元,其中基本生产车间负担的办公费520元,市内交通费530元;供电车间负担的市内交通费290元;供气车间负担的外部费用1 200元;厂部管理部门负担的办公费2 800元,材料市内运输费420元。

表2.1-3　　　　　　　　　　　工资汇总表

2020年8月　　　　　　　　　　　　　　　　　　　单位:元

人员类别	应付工资总额	人员类别	应付工资总额
基本生产车间		供电车间	18 240
产品生产工人	957 600	供气车间	15 960
车间管理人员	45 600	厂部管理人员	91 200
辅助生产车间		合计	1 128 600

表2.1-4　　　　　　　五险、工会经费、职工教育经费计提表

2020年8月　　　　　　　　　　　　　　　　　　　单位:元

项目	基本生产车间		辅助生产车间		厂部管理人员	合计
	生产工人	管理人员	供电车间	供气车间		
应付职工薪酬总额	957 600	45 600	18 240	15 960	91 200	1 128 600
医疗保险费用(8%)	76 608	3 648	1 459.2	1 276.8	7 296	90 288
失业保险费用(1%)	9 576	456	182.4	159.6	912	11 286
养老保险费用(20%)	191 520	9 120	3 648	3 192	18 240	225 720
工伤保险费用(0.5%)	4 788	228	91.2	79.8	456	5 643
生育保险费用(1%)	9 576	456	182.4	159.6	912	11 286
工会经费(2%)	19 152	912	364.8	319.2	1 824	22 572
职工教育经费(2.5%)	23 940	1 140	456	399	2 280	28 215
合计	335 160	15 960	6 384	5 586	31 920	395 010

⑤ 本月以银行存款支付的费用为29 400元,其中基本生产车间负担的办公费2 000元,水费4 000元,差旅费2 800元,设计制图费5 200元;供电车间负担的水费1 000元,外部修理费3 600元;供气车间负担的办公费800元;厂部管理部门负担的办公费6 000元,水费2 400元,招待费400元,市话费1 200元。

⑥ 本月应计提固定资产折旧费44 110元,其中基本生产车间折旧20 110元,供电车间折旧4 000元,供气车间折旧8 000元,厂部管理部门折旧12 000元。

要求:根据以上资料采用品种法对江苏东方糖果有限公司的产品成本进行分配。

具体业务处理参照"任务实施"。

知识储备

一、品种法概念

产品成本计算的品种法,是以产品品种为成本计算对象,归集生产费用、计算产品成本的一种方法。

二、品种法的特点

品种法的特点主要是:(1)直接以产品品种为成本计算对象;(2)成本计算期与生产周期不一致,而是按月计算完工产品成本,即成本计算期与会计周期一致;(3)月末如有完工产品和在产品,则需要将生产费用在完工产品与在产品之间进行分配。

三、品种法产品成本计算程序

品种法是产品成本计算的基本方法,其他方法是在品种法的基础上演变而来的。具体包括如下几点:

(1)按产品品种设置基本生产成本明细账,按成本项目(直接材料、直接人工、制造费用)设专栏。

(2)编制各种费用分配表,据此登记"基本生产成本明细账""辅助生产成本明细账""制造费用明细账"。

(3)将"辅助生产成本明细账"归集的费用,按各种产品和各部门的受益数量,编制"辅助生产费用分配表",分配辅助生产费用,登记"基本生产成本明细账""制造费用明细账"。

(4)将"制造费用明细账"归集的费用,编制"制造费用分配表",分配制造费用,登记相关"基本生产成本明细账"。

(5)若产品生产过程中产生废品损失并要求单独反映、核算的,则应将已归集在"产品成本明细账"中的废品损失,经过计量、确认,结转至"废品损失"账户,最后再分配计入"产品成本明细账"的"废品损失"成本项目中。

(6)将"基本生产成本明细账"中归集的费用,采用适当的方法在完工产品与在产品之间进行分配,计算出完工产品成本和在产品成本。

(7)根据各个"基本生产成本明细账"中计算出来的本月完工产品成本,编制"完工产品成本汇总计算表",结转完工入库产品成本。

四、品种法的使用范围

品种法适用于单步骤大量大批生产的企业,如发电、供水、采掘等企业,也适用于生产规模较小、管理上不要求计算半成品成本的大批量、多步骤生产类型的企业,如糖果、饼干、水泥、小型造纸等企业。企业内的供水、供电、供气等辅助生产车间计算提供给基本生产车间与其他辅助生产车间使用的水、电、气的劳务成本,也适用品种法。

项目二　品种法下成本的计算

课程思政

推动高质量发展,建设现代经济体系,必须以创新、应用、推广一批绿色核心技术为突破口,发展新技术、转化新产业、培育新动能。加快推动绿色低碳发展和走高质量发展之路,是内在逻辑一致、相辅相成的。无疑,坚持绿水青山就是金山银山理念,坚持尊重自然、顺应自然、保护自然,坚持节约优先、保护优先、自然恢复为主,是走绿色低碳发展和走高质量发展竞合之路的理念先导和基本遵循。

坚持绿色发展,
建设美丽中国

任务二　品种法成本计算的应用

任务描述

本任务通过解析任务一中"案例导入"的产品成本计算过程,说明品种法的具体运用。

案例导入

见任务一中"案例导入"。

知识储备

一、归集、分配材料费用

材料费用的归集是将生产过程中领用的材料,按照费用发生的地点和经济用途,归集到有关成本、费用账户及所属各明细账的"直接材料"项目或"材料费用"项目中。

在生产实践中,多品种产品生产的企业,常常发生这样的材料领用情况:不仅每一种产品各自直接耗用不同的材料,还会与其他品种的产品共同耗用同一种材料。在这种情况下,各种产品应负担的材料费用,不仅包括直接耗用的材料成本,还应该负担一部分共同耗用的材料成本。所以,如果几种产品共同领用同一种材料,必须采用适当的分配方法进行分配,分别计入各种产品成本。

多品种产品共同耗用同种材料费用的分配,常用的方法有定额耗用量比例法、定额费用比例法、产品产量比例法、产品重量比例法、产品体积比例法等多种方法。

（一）产品重量比例法

产品重量比例法，是根据共同消耗同种原材料的各种产品重量比例，在各产品之间分配共同消耗的原材料费用的方法。这种方法适用于原材料耗用数量与产品重量有直接联系的材料费用分配。计算公式如下：

$$共同耗用材料费用分配率 = \frac{共同耗用材料费用总额}{共同耗用同种材料的各种产品重量之和}$$

某产品应分配共同耗用材料费用 = 该种产品的重量 × 共同耗用材料费用分配率

某产品直接材料成本 = 该产品直接耗用材料费用 + 该产品分配的共同耗用材料费用

（二）定额耗用量比例法

定额耗用量比例法是以材料定额消耗量为分配标准进行材料费用分配的方法。计算过程如下：

第一步，计算各种产品的材料定额消耗量：

某种产品材料定额消耗量 = 该种产品实际产量 × 单位产品材料消耗定额

第二步，计算材料费用分配率：

$$共同耗用材料费用分配率 = \frac{共同耗用材料费用总额}{各种产品材料定额消耗量合计}$$

第三步，计算出各种产品应分配的材料费用：

某产品应分配共同耗用材料费用 = 该种产品材料定额消耗量 × 共同耗用材料费用分配率

某产品直接材料成本 = 该产品直接耗用材料费用 + 该产品分配的共同耗用材料费用

（三）定额费用比例法

定额费用是指企业预先制定的各种产品材料消耗价值标准。定额费用比例法是以产品材料耗用的定额费用比例为分配依据，进行共同耗用材料费用分配的方法。在产品耗用材料种类较多的情况下，可以按照材料定额费用的比例分配材料费用，以简化分配计算工作。

其分配计算程序及公式如下：

第一步，计算各种产品的材料消耗定额费用：

某种产品材料定额费用 = ∑（该产品实际产量 × 单位产品材料定额费用）

或 = ∑（该产品实际产量 × 单位产品材料消耗定额 × 材料单价）

第二步，计算材料费用分配率：

$$共同耗用材料费用分配率 = \frac{共同耗用材料费用总额}{各种产品材料定额消耗量合计}$$

第三步，计算出各种产品应分配的材料费用：

某产品应分配共同耗用材料费用 = 该产品材料定额费用 × 共同耗用材料费用分配率

某产品直接材料成本 = 该产品直接耗用材料费用 + 该产品分配的共同耗用材料费用

二、归集、分配外购动力费用

外购动力费用是指从企业外部购买电力、蒸汽、煤气等动力所支付的费用。平时按照动力供应单位的结算凭证支付外购动力款项时,可先作为暂付款处理,借记"应付账款"科目,贷记"银行存款"科目;当供应单位每月抄表日基本固定,且每月从抄表日到月末的动力耗用数量相差不多时,也可在支付外购动力费用时直接借记有关成本费用科目,贷记"银行存款"科目。

计入成本费用的动力费用金额,在有仪表记录的情况下,按仪表所示耗用数量和市场价格直接计算。在没有仪表记录的情况下,应该按照多种产品共同耗用动力费用,在各产品之间进行分配。分配外购动力费用的方法有生产工时比例分配法、机器工时比例分配法和定额消耗量比例分配法等。基本的分配计算程序如下:

$$外购动力费用分配率 = \frac{共同耗用外购动力费用总额}{各产品(部门)动力定额耗用量(或生产工时、机器工时)合计}$$

某产品(部门)应分配外购动力费用 = 该产品(部门)动力定额耗用量(或生产工时、机器工时)合计 × 外购动力费用分配率

三、归集、分配人工费用

计时工资的计算有月薪制和日薪制两种计算方法。

(1) 月薪制。月薪制下不论各月日历日数多少,每月的标准工资相同。只要职工出全勤,都可以得到相同的月标准工资。如果发生缺勤,则应在月标准工资中减去应扣缺勤工资。其计算公式如下:

$$应付计时工资 = 月标准工资 - 应扣缺勤工资$$

式中:

$$应扣缺勤工资 = 缺勤天数 × 日工资率 × 扣款比例$$

(2) 日薪制。日薪制是按职工出勤日数和日工资率计算应付计时工资的方法。在日薪制下,应付计时工资按下列公式计算:

$$应付计时工资 = 月出勤日数 × 日工资率 + 病假应发工资$$

$$病假应发工资 = 病假日数 × 日工资率 × 病假应发工资的比例$$

职工薪酬费用归集和分配的原则:

(1) 直接从事产品生产的工人薪酬,应计入"基本生产成本"明细账的"直接人工"成本项目;

(2) 生产车间、分厂管理人员薪酬,计入"制造费用"明细账;

(3) 辅助生产车间的生产工人和管理人员薪酬,计入"辅助生产成本"明细账;

(4) 行政管理部门、长病假人员薪酬,计入"管理费用"账户;

(5) 专设销售机构人员薪酬,计入"销售费用"账户;

(6) 在建工程人员薪酬,计入"在建工程"账户。

采用计件工资形式支付的产品生产工人的计件工资,一般可以直接计入所生产产品的成本,不需要在各种产品之间进行分配。采用计时工资形式支付的计时工资及奖金、津贴和补贴等职工薪酬费用,如果生产工人只生产一种产品,应将其薪酬费用直接计入该产品成本,不需要进行分配;如果生产多种产品,则需要选用合理标准,采用适当方法,在各种产品之间进行分配。分配方法主要采用生产工时比例分配法,生产工时指标原则上应选择生产工人加工产品时消耗的实际工时。因为,实际工时能比较客观地反映各产品的人工耗费。

但如果实际工时统计有困难,也可按各产品所耗定额工时比例进行分配。计算公式如下:

$$生产工人工资费用分配率 = \frac{本期发生的生产工人工资总额}{\sum 某产品实际总工时(或总定额工时)}$$

某产品应负担直接人工成本 = 该产品实际总工时(或定额总工时) × 生产工人工资费用分配率

四、归集、分配辅助生产费用

辅助生产费用是指辅助生产车间为开展生产活动而发生的费用,即辅助生产车间生产产品或提供劳务的成本。

(一)辅助生产费用的归集

辅助生产车间为基本生产车间和其他部门服务而进行的产品生产或劳务供应等辅助生产活动所发生的费用,应按费用发生的地点和用途进行归集。企业可按辅助生产车间设置"辅助生产成本——××车间"账户,用来核算辅助生产车间发生的辅助生产费用。该账户为成本类账户,借方登记辅助生产车间为生产产品或提供劳务而耗用的材料、燃料、动力、工资和职工福利费等职工薪酬、折旧费、低值易耗品摊销、车间办公费、劳动保护费等;贷方登记月份终了辅助生产车间分配给受益单位的辅助生产费用以及完工入库的自制材料、自制工具等成本。一般情况下,该账户月末无余额,如果出现月末余额,应为借方余额,它反映辅助生产车间月末结存的在产品成本。

(二)辅助生产费用的分配

企业辅助生产费用应于期末归集完毕后计算相应的辅助生产劳务或产品的成本,并将成本结转到有关账户。辅助生产费用的结转程序和方法取决于辅助生产车间的类型,本着"谁受益、谁负担,受益多少、负担多少"的原则,按受益单位所耗用的产品或劳务数量在各单位之间进行分配。

(三)辅助生产费用的分配方法

辅助生产费用分配的方法主要有直接分配法、交互分配法、计划分配法、代数分配法和顺序分配法,这里主要介绍前三种方法。其余内容作为课外拓展内容。

1. 直接分配法

直接分配法是将辅助生产车间实际发生的费用直接分配给辅助生产车间以外的各受益对象。这种分配方法的特点是辅助生产车间内部相互提供的产品、劳务,并不相互分配费用。

分配方法如下:

第一步,根据各辅助车间实际发生的费用和向辅助车间以外的各受益对象提供劳务情况,计算出辅助车间的实际单位成本(费用分配率)。

$$辅助生产费用分配率 = \frac{辅助车间生产费用总额}{该车间供应劳务总量 - 其他辅助车间耗用量之和}$$

第二步，按辅助生产实际单位成本和各受益对象的耗用量计算各受益对象应分配的辅助生产费用。

某受益对象应分配辅助生产费用＝该受益对象耗用量×辅助生产费用分配率

2. 交互分配法

交互分配法又称一次交互分配法，是指先将辅助生产车间的费用在辅助生产车间之间进行一次交互分配，再将交互分配后的费用直接分配给辅助车间以外的受益对象。主要表现为以下三点：

（1）交互分配：将辅助生产费用在辅助生产车间之间进行一次交互分配。

（2）重新确定辅助生产实际费用：某辅助生产车间的辅助生产费用实际数额，应该等于本车间明细账归集的原始费用，加上交互分配中分进来的费用，减去交互分配中分出去的费用。即

某辅助生产车间实际费用＝交互分配前费用＋交互分配增加的费用－交互分配减少的费用

（3）对外分配：将辅助生产实际费用在辅助车间以外的各受益产品、车间和部门之间进行直接分配。

交互分配的计算步骤：

第一步，交互分配。

（1）计算交互分配率。交互分配率即为各辅助生产车间交互分配前的单位劳务成本。

某辅助车间费用交互分配率＝该车间交互分配前费用总额÷该车间提供劳务总量

（2）计算辅助生产车间交互分配金额。

某受益辅助车间应分配其他辅助车间生产费用 = 该车间的受益劳务量 × 被分配车间的费用交互分配率

提　示　某受益辅助生产车间应分配其他辅助车间生产的费用，即该车间交互分配增加（分进来）的费用，也是其他辅助车间交互分配减少（分出去）的费用，二者相辅相成，互为因果。

第二步，计算、确定各辅助车间实际生产费用。即

某辅助生产车间实际费用＝交互分配前费用＋交互分配增加的费用－交互分配减少的费用

第三步，对外分配（直接分配）。

（1）计算对外分配率。对外分配率是按实际费用和辅助车间以外的受益产品、车间和部门的受益劳务量计算的交互分配后单位劳务成本。

某辅助车间对外费用分配率 = 该车间辅助生产实际费用 ÷ (该车间提供劳务总量 － 其他辅助车间受益劳务量之和)

（2）计算对外分配各受益产品、车间和部门应分配的辅助生产费用。对外分配，类似于前述的直接分配，不同点是被分配费用不是某辅助车间生产成本明细账归集的原始费用，而是经过一次交互分配调整后得到的实际费用。

某受益产品（或车间、部门）应分配辅助生产费用＝受益数量×对外费用分配率

【案例】　甲工厂设有供热和供电两个辅助生产车间。2020年5月在分配辅助生产费用以前，供热车间发生生产费用1 200万元，按供热吨数分配费用，供热合计5 000吨，其中，

供电车间耗用200吨，其他车间耗用吨数如表2.2-1所示。供电车间发生生产费用2 400万元，按耗电数分配费用，提供供电2 000万千瓦时，其中，供热车间耗用400万千瓦时，其他车间耗电数如表2.2-1所示。该企业辅助生产的制造费用不通过"制造费用"科目核算。采用交互分配法分配其辅助生产费用。

解析： 辅助生产费用分配过程如表2.2-1所示。

表2.2-1　　　　　　　　　　辅助生产费用分配表
（交互分配法）　　　　　数量单位：吨、万千瓦时
甲工厂　　　　　　　　　　2020年5月　　　　　　　　　金额单位：万元

辅助生产车间名称	交互分配			对外分配		
	供热	供电	合计	供热	供电	合计
待分配辅助生产费用	1 200	2 400	3 600	1 632	1 968	3 600
供应劳务数量	5 000	2 000		4 800	1 600	
费用分配率	0.24	1.2		0.34	1.23	

辅助生产车间名称			交互分配			对外分配		
			供热	供电	合计	供热	供电	合计
辅助生产车间耗用（计入"辅助生产成本"）	供热车间	耗用量		400				
		分配金额		480	480			
	供电车间	耗用量	200					
		分配金额	48		48			
	分配金额小计		48	480	528			
基本生产耗用（计入"制造费用"）	第一车间	耗用量				3 000	900	
		分配金额				1 020	1 107	2 127
	第二车间	耗用量				1 200	400	
		分配金额				408	492	900
	分配金额小计					1 428	1 599	3 027
行政部门耗用（计入"管理费用"）	耗用量					400	200	
	分配金额					136	246	382
销售部门耗用（计入"销售费用"）	耗用量					200	100	
	分配金额					68	123	191
合计								3 600

相关会计处理如下：

① 交互分配：

借：辅助生产成本——供热车间　　　　　　　　　　　　　480
　　　　　　　　——供电车间　　　　　　　　　　　　　　48

贷：辅助生产成本——供热车间　　　　　　　　　　　　　　　　　　　48
　　　　　　　　——供电车间　　　　　　　　　　　　　　　　　　　480
② 对外分配：
借：制造费用——第一车间　　　　　　　　　　　　　　　　　　　2 127
　　　　　　——第二车间　　　　　　　　　　　　　　　　　　　　900
　　管理费用　　　　　　　　　　　　　　　　　　　　　　　　　　382
　　销售费用　　　　　　　　　　　　　　　　　　　　　　　　　　191
　贷：辅助生产成本——供热车间　　　　　　　　　　　　　　　　　1 632
　　　　　　　　——供电车间　　　　　　　　　　　　　　　　　　1 968

 拓展知识

代数分配法

代数分配法是指运用初等数学中的多元一次方程组计算辅助生产产品或劳务的单位成本(分配率)，再按照各受益对象的实际耗用量分配辅助生产费用的方法。其计算方法如下：

第一步，根据各辅助生产车间相互提供产品和劳务的数量，建立代数分配法的数学模型，即联立方程，计算各辅助生产劳务的单位成本。

第二步，根据各受益单位(包括辅助生产内部和外部各单位)耗用劳务数量和单位成本进行辅助生产费用的分配。

某面粉厂有面粉车间、挂面车间两个基本生产车间，机修车间和供电车间两个辅助生产车间，挂面车间生产荞麦挂面和鸡蛋挂面。2020年12月供电车间提供电力20 000千瓦时，共发生费用36 000元；机修车间提供修理工时5 000工时，修理费用共计11 250元。本月提供的劳务量及受益单位资料如下表所示。

辅助生产车间	计量单位	提供劳务量							
		机修	供电	荞麦挂面	鸡蛋挂面	挂面车间一般耗用	面粉车间一般耗用	厂部	合计
供电	千瓦时	2 000	—	7 000	5 000	1 000	3 000	2 000	20 000
机修	工时	—	500			1 800	1 200	1 500	5 000

要求：完成该面粉厂辅助生产车间辅助生产费用的归集和分配。
解析：
采用代数分配法进行辅助生产费用分配。分配结果见下表。

辅助生产费用分配表(代数分配法)

2020 年 12 月   金额单位：元

项目	供电车间			机修车间			合计
	供应数量/千瓦时	分配率	分配金额	供应数量/工时	分配率	分配金额	
受益对象	20 000		36 000	5 000		11 250	47 250
供电车间				500	3	1 500	
机修车间	2 000	1.875	3 750				
对外分配	18 000	1.875	33 750	4 500	3	13 500	47 250
荞麦挂面	7 000		13 125				13 125
鸡蛋挂面	5 000		9 375				9 375
挂面车间	1 000		1 875	1 800		5 400	7 275
面粉车间	3 000		5 625	1 200		3 600	9 225
厂部	2 000		3 750	1 500		4 500	8 250

第一步，建立代数分配法的数学模型，求解联立方程：

设每度电的成本为 x，每小时修理费的成本为 y，建立联立方程。

$$\begin{cases} 36\,000 + 500y = 20\,000x \\ 11\,250 + 2\,000x = 5\,000y \end{cases}$$

解联立方程组，得：

$$\begin{cases} x = 1.875 \\ y = 3 \end{cases}$$

第二步，计算各受益产品和部门应分配的辅助生产费用：

从联立方程组的关系中可以看出，代数分配法已经包含了辅助车间内部的交互分配，即

供电车间应负担修理费 $= 500y = 500 \times 3 = 1\,500(元)$

机修车间应负担电费 $= 2\,000x = 2\,000 \times 1.875 = 3\,750(元)$

供电车间可供分配的电费总额 $= 36\,000 + 1\,500 = 37\,500(元)$

机修车间可供分配的修理费总额 $= 11\,250 + 3\,750 = 15\,000(元)$

因此，确定单位劳务成本（$x = 1.875, y = 3$）后，接下来应将各辅助车间费用总额直接对各受益对象进行分配：

① 供电车间电费的分配：

荞麦挂面应分配的电费 $= 7\,000 \times 1.875 = 13\,125(元)$

鸡蛋挂面应分配的电费 $= 5\,000 \times 1.875 = 9\,375(元)$

挂面车间应分配的电费 $= 1\,000 \times 1.875 = 1\,875(元)$

面粉车间应分配的电费 = 3 000 × 1.875 = 5 625(元)
厂部应分配的电费 = 2 000 × 1.875 = 3 750(元)
机修车间应分配的电费 = 2 000 × 1.875 = 3 750(元)
② 机修车间修理费用的分配：
挂面车间应分配的修理费 = 1 800 × 3 = 5 400(元)
面粉车间应分配的修理费 = 1 200 × 3 = 3 600(元)
厂部应分配的修理费 = 1 500 × 3 = 4 500(元)
供电车间应分配的修理费 = 500 × 3 = 1 500(元)
上述计算应编制"辅助生产费用分配表(代数分配法)"，参见上表。
根据上表，编制会计分录如下：

借：基本生产成本——荞麦挂面	13 125
——鸡蛋挂面	9 375
辅助生产成本——机修车间	3 750
制造费用——荞麦车间	1 875
——面粉车间	5 625
管理费用	3 750
贷：辅助生产成本——供电车间	37 500
借：辅助生产成本——供电车间	1 500
制造费用——荞麦车间	5 400
——面粉车间	3 600
管理费用	4 500
贷：辅助生产成本——机修车间	15 000

由于采用了数学模型，因而代数分配法计算结果最为准确。如果采用手工核算，在辅助车间过多的情况下将使计算工作复杂化，从而使代数分配法的运用受到限制。所以，在手工核算时代，代数分配法一般适用于辅助车间较少，或需要交互分配较少的企业。但随着计算机的广泛运用，会计电算化程度的普遍提高，在核算要求准确分配辅助生产费用时，代数分配法将会被更多的企业所采用。

3. 计划成本分配法

计划成本分配法是将辅助生产车间提供的劳务，一律先按劳务的计划单位成本分配给各受益产品、车间或部门(包括受益的辅助生产车间在内)；然后再将辅助生产车间的实际费用与按计划单位成本分配转出的费用之间的差额，追加分配给辅助车间以外的各受益单位。为了简化分配工作，一般将此差异全部追加计入管理费用。

其计算分配程序及公式如下：

第一步，按辅助生产车间提供的劳务总量和计划单位成本计算各受益部门应分配的辅助生产计划成本：

某受益产品、部门应分配辅助生产费用计划成本 = 该产品或部门受益数量 × 计划单价

第二步,计算辅助生产车间的实际费用:

某辅助生产车间实际费用 = 该车间的原始费用 + 按计划成本转入的其他辅助车间费用

第三步,计算辅助生产车间成本差异:

辅助生产成本差异 = 辅助生产车间的实际费用 − 按计划单位成本分配转出的费用

其中: 按计划单位成本分配转出的费用 = ∑(某产品或部门受益数量 × 计划单价)

上述计算过程应编制"辅助生产费用分配表(计划成本分配法)"(表2.2-3),并根据"辅助生产费用分配表"进行辅助生产费用分配的账务处理。

某面粉厂有面粉车间、挂面车间两个基本生产车间,机修车间和供电车间两个辅助生产车间,挂面车间生产荞麦挂面和鸡蛋挂面。2020年12月供电车间提供电力20 000千瓦时,共发生费用36 000元;机修车间提供修理工时5 000工时,修理费用共计11 250元。假定供电车间计划单位成本为2元/千瓦时,机修车间计划单位成本为3元/小时。本月提供的劳务量及受益单位资料如表2.2-2所示。

表2.2-2　　　　　　　　　　　辅助生产车间提供劳务量

辅助生产车间	计量单位	提供劳务量							
		机修	供电	荞麦挂面	鸡蛋挂面	挂面车间一般耗用	面粉车间一般耗用	厂部	合计
供电	千瓦时	2 000	—	7 000	5 000	1 000	3 000	2 000	20 000
机修	工时	—	500			1 800	1 200	1 500	5 000

要求:采用计划成本分配法完成该面粉厂辅助生产车间辅助生产费用的归集和分配。

解析:

表2.2-3　　　　　辅助生产费用分配表(计划成本分配法)　　　数量单位:千瓦时、工时
　　　　　　　　　　　　　　　2020年12月　　　　　　　　　　　　　金额单位:元

辅助生产车间名称			供电车间	机修车间	合　计
待分配辅助生产费用			36 000	11 250	47 250
供应的劳务数量			20 000	5 000	
计划单位成本			2	3	
辅助生产成本	供电车间	耗用数量		500	
		分配金额		1 500	1 500
	机修车间	耗用数量	2 000		
		分配金额	4 000		4 000
基本生产成本	荞麦挂面	耗用数量	7 000		
		分配金额	14 000		14 000
	鸡蛋挂面	耗用数量	5 000		
		分配金额	10 000		10 000

续表

辅助生产车间名称			供电车间	机修车间	合　计
制造费用	挂面车间	耗用数量	1 000	1 800	
		分配金额	2 000	5 400	7 400
	面粉车间	耗用数量	3 000	1 200	
		分配金额	6 000	3 600	9 600
管理费用		耗用数量	2 000	1 500	
		分配金额	4 000	4 500	8 500
按计划成本分配费用合计			40 000	15 000	55 000
辅助生产实际费用			37 500	15 250	52 750
辅助生产成本差异			−2 500	250	−2 250

编制会计分录如下：

按计划成本分配：

借：辅助生产成本——供电车间　　　　　　　　　　　　　　　1 500
　　　　　　　　——机修车间　　　　　　　　　　　　　　　　4 000
　　基本生产成本——荞麦挂面　　　　　　　　　　　　　　　14 000
　　　　　　　　——鸡蛋挂面　　　　　　　　　　　　　　　10 000
　　制造费用——挂面车间　　　　　　　　　　　　　　　　　　7 400
　　　　　　——面粉车间　　　　　　　　　　　　　　　　　　9 600
　　管理费用　　　　　　　　　　　　　　　　　　　　　　　　8 500
　　贷：辅助生产成本——供电车间　　　　　　　　　　　　　40 000
　　　　　　　　　　——机修车间　　　　　　　　　　　　　15 000

追加分配：

借：管理费用　　　　　　　　　　　　　　　　　　　　　　　2 250
　　贷：辅助生产成本——供电车间　　　　　　　　　　　　　2 500
　　　　　　　　　　——机修车间　　　　　　　　　　　　　　250

采用计划成本分配法分配辅助生产费用,由于事先确定了劳务的计划单位成本,使得分配计算过程比较简单,但计划单位成本一定要比较接近劳务的实际单位成本,否则会影响分配结果的准确性。

五、归集、分配制造费用

制造费用是指工业企业为生产产品(或提供劳务)而发生,应该计入产品成本,但没有专设成本项目的各项间接性生产费用。

制造费用的归集是通过"制造费用"科目进行的。该科目应按不同的车间、部门设立明细账,账内按照费用项目设立专栏或专行,分别反映各车间各项制造费用发生情况,应该根据有关的付款凭证、转账凭证和前述各种费用分配表进行登记。借方登记各项制造费用的实际发生数,在月末通过贷方将借方归集的制造费用总数分配到各受益产品或劳务上,除按年度计划分配率分配费用或季节性生产车间外,该账户月末无余额。

制造费用的分配方法一般有以下几种:生产工时比例法、机器工时比例法、生产工人工资比例法和年度计划分配率法。

 拓展知识

制造费用的年度计划分配率法

年度计划分配率法是按照年度开始前确定的全年度适用的计划分配率分配制造费用的方法。这种方法是在分配制造费用时,不管各月实际发生的制造费用是多少,每个月制造费用都是按统一的年度开始前预先确定的计划分配率分配给各受益产品,该计划分配率全年适用,但在年度内如果发现制造费用的实际数与按计划分配率分配的费用数差额较大时,应及时调整计划分配率。其计算公式如下:

$$\text{制造费用年度计划分配率} = \text{年度制造费用计划总额} / (\sum \text{某产品计划年产量} \times \text{单位产品定额工时})$$

$$\text{某月某产品应分配制造费用} = \text{该月该产品实际产量定额总工时} \times \text{制造费用年度计划分配率}$$

采用计划分配率分配制造费用时,"制造费用"账户月末可能有借方余额,也可能有贷方余额。借方余额表示超过计划的预付费用,应列作企业的资产项目;贷方余额表示按照计划应付而未付的费用,应列作企业的负债项目。

"制造费用"科目如果有年末余额,就是全年制造费用的实际发生额与计划分配额的差额,一般应在年末调整计入12月份的产品成本,借记"基本生产成本"科目,贷记"制造费用"科目;如果实际发生额大于计划分配额,用蓝字补加,否则用红字冲减。

这种分配方法的核算工作很简便,特别适用于季节性生产企业。因为在这种生产企业中,每月发生的制造费用相差不多,但生产淡月和旺月的产量相差悬殊,如果按照实际费用分配,各月单位产品成本中的制造费用将随之忽高忽低,而这不是由于车间工作本身引起的,因而不便于成本分析工作的进行。此外,这种分配方法还可以按旬或按日提供产品成本预测所需要的产品应分配制造费用的资料,有利于产品成本的日常控制。但是,采用这种分配方法,必须有较高的计划工作的水平,否则年度制造费用的计划数脱离实际太大,就会影响成本计算的正确性。

六、归集、分配废品损失

废品损失是指生产过程中发生或完工入库后发现的各种不可修复废品所形成的报废净损失和可修复废品修复费用的总和。报废净损失是指不可修复废品的生产成本扣除残料价值和责任人赔偿款后的损失。修复费用是指为修复废品所耗用的料、工、费等支出,若有残料回收和责任人的赔偿款则应予以扣除。

废品损失的核算有两种方式：单独核算废品损失和不单独核算废品损失。

单独核算废品损失，是指会计上单独设置"废品损失"账户对发生的废品损失进行专门的核算与监督，在产品成本计算中单设"废品损失"成本项目进行独立的反映。单独核算废品损失适用于产品生产中易产生废品、管理上需要单独考核"废品损失"及有关费用项目指标的企业。

不单独核算废品损失，就是发生的废品损失混合在合格品成本之中，不作为独立的成本项目加以核算，无法明确反映实际发生废品损失的数额。

（一）可修复废品的核算

可修复废品损失是指在废品修复过程中所发生的修复费用，包括为修复废品所耗用的直接材料、直接人工、制造费用等。

在单独核算废品损失的企业中，对可修复废品发生的各种修复费用，应根据各种费用分配表归集在"废品损失"账户及其有关明细账的借方，如有残值回收和应收赔偿款，应抵减废品成本，即分别根据"废料交库单"和有关结算凭证，将残料价值由"废品损失"账户的贷方转入"原材料"等有关账户的借方，将应收赔偿款由"废品损失"账户的贷方转入"其他应收款"账户的借方。最后，将废品净损失（修复费用减去残值和赔款的差额）由"废品损失"账户贷方转入"基本生产成本"账户借方"废品损失"成本项目。

在不单独核算废品损失的企业中，对可修复废品发生的各种修复费用，应根据各种费用分配表归集在"基本生产成本"明细账户有关的成本项目中，如修复废品领用材料、发生人工费用，应直接记入"基本生产成本"明细账户的直接材料、直接人工等成本项目，与正常的产品生产耗费的核算相同。在回收废品残料时，直接冲减"基本生产成本"明细账的直接材料成本项目。"基本生产成本"账户和所属有关产品成本明细账归集的费用即为合格产品的成本。

（二）不可修复废品损失的核算

不可修复废品损失是指截至报废时为止，废品已经发生的生产成本扣除残值和应收责任人（或保险公司）赔偿款后的净额。

在单独核算废品损失的企业中，应先将废品的生产成本由"基本生产成本"明细账转入"废品损失"账户，再核算残料价值和责任人赔款，最后将废品净损失结转记入"基本生产成本"账户，由它的合格品来承担，相应地增大单位合格品生产成本。这里关键的问题是不可修复废品的生产成本如何从该产品总成本中分离出来。因为，不可修复废品在报废前所耗成本是与合格品成本混合在一起的，不能直接辨认和确定，所以，不可修复废品的生产成本要采用适当的分配方法，将某产品成本明细账归集的费用总额在合格品与废品之间进行分配，计算出不可修复废品的生产成本。计算时可以按废品实际生产成本计算，也可按废品的定额成本计算。

七、生产费用在完工产品和在产品之间的分配

月初在产品成本、本月生产费用与本月完工产品成本和月末在产品成本四者之间的关系，可用下列公式表示：

月初在产品成本 + 本月生产费用 = 本月完工产品成本 + 月末在产品成本

上式表明,生产费用合计应在完工产品和月末在产品之间进行分配。生产费用在完工产品与月末在产品之间分配的方法一般有两类:一类是将前两项费用之和在完工产品与月末在产品之间按照一定比例进行分配,同时计算完工产品成本和月末在产品成本;另一类是先确定月末在产品成本,再以前两项费用之和减去月末在产品成本,计算完工产品成本,其计算公式为:

本月完工产品成本 = 月初在产品成本 + 本月生产费用 − 月末在产品成本

计算完工产品成本和月末在产品成本,是成本计算的最后阶段,也是成本计算中重要而复杂的一个环节。如果不能正确计算完工产品成本与月末在产品成本,就难以考核、评价成本计划的完成情况,同时还会影响产品销售利润计算的正确性。

生产费用在完工产品和在产品之间分配,就是在产品成本的计算过程(当然,也是完工产品成本计算的过程),常用的方法一般有七种:约当产量法、不计算在产品成本法、在产品按年初成本计价法、在产品按直接材料成本计价法、在产品按完工产品成本计价法、定额成本法和定额比例法。

(一) 约当产量法

1. 约当产量法的概念

约当产量是指将月末在产品实际数量按其完工程度折算为完工产品的数量,就是对在产品数量进行折算,求出其相当于完工产品的数量是多少。例如在产品完工程度达到 50%,就是说,一件在产品相当于 0.5 件完工产品,如果有 100 件在产品,则相当于 50 件完工产品。

2. 约当产量法成本计算步骤

第一步,确定期末在产品约当产量:

月末在产品约当产量 = 月末在产品实际数量 × 在产品完工程度(%)

第二步,确定产品约当总产量:

产品约当总产量,是完工产品产量与月末在产品约当产量之和,按下式计算:

某产品约当总产量 = 本月完工产量 + 月末在产品约当产量

第三步,确定各成本项目分配率:

成本项目分配率就是按约当产量比例计算的单位产品某成本项目成本水平,各成本项目分配率之和,就是单位产品成本,是各个项目成本对完工产品和月末在产品进行分配的重要依据。计算公式如下:

$$某成本项目分配率 = \frac{该成本项目费用合计}{产品约当总产量} = \frac{该项目期初余额 + 本期费用发生额}{本期完工产量 + 期末在产品约当产量}$$

第四步,确定完工产品成本与月末在产品成本:

月末在产品成本 = Σ(月末在产品约当产量 × 某成本项目分配率)

$$完工产品总成本 = \Sigma \left(\begin{matrix} 月初在产品 \\ 某项目成本 \end{matrix} + \begin{matrix} 本期发生的 \\ 某项目费用 \end{matrix} - \begin{matrix} 月末在产品 \\ 某项目成本 \end{matrix} \right)$$

或   = Σ(本月完工产量 × 某成本项目分配率)

3. 期末在产品完工程度的确定

(1) 材料一次性投料、加工费用均衡发生条件下,期末在产品完工程度的确定。

一般地,如果产品生产中材料系一次性投料,对于完工产品和在产品而言,耗费的直接材料成本水平是相同的,因此,直接材料成本分配时,在产品数量不需要约当计算,即直接按产量比例分配。但是,对于直接人工、制造费用等加工费用的分配,则需要按照完工程度,计算期末在产品约当产量,并按照产品约当总产量比例进行分配。另外,直接人工、制造费用作为加工费用,一般在生产过程中是均匀投入的,前面工序完工程度低,只有10%、20%或30%,后面工序完工程度高,达到70%、80%甚至90%,后面多加工的百分比可以抵补前面少加工的百分比,为了简化,除非有特别的技术测定,对于单工序加工或某工序加工的在产品来说,其完工率通常按平均数的50%计算。

(2) 材料一次性投料、多工序生产加工进度不均衡条件下在产品完工程度的确定。

由于不同工序加工的进度不同,则各工序在产品的完工程度是不同的,这对于各工序在产品应负担的加工费用的分配有直接的影响。因此,对于直接人工、制造费用等加工费用的分配,则需要按照各工序在产品完工程度,分别计算各工序期末在产品约当产量,并合计月末在产品约当产量总数,最后,按照产品约当总产量比例对加工费用进行分配。

在多工序生产的情况下,如果各工序在产品数量和单位产品的加工量相差不多,前后工序加工程度可互相抵补,全部在产品完工程度可按50%确定;如果各工序在产品数量及加工程度相差悬殊,在产品完工程度应按各工序分别测算确定;如果技术上难以测算各工序的在产品加工进度,可按照产品工时定额比例法计算确定各工序在产品完工程度。公式如下:

$$某工序在产品完工程度(\%) = \frac{该工序前各工序产品工时定额累计 + 本工序产品工时定额 \times 50\%}{单位产品工时定额} \times 100\%$$

(3) 材料分工序一次性投料、多工序生产加工进度不均衡条件下在产品完工程度的确定。

产品生产过程中材料是分别在各工序开始生产时一次性投料,这样,对于在产品直接材料费用的分配就必须也进行在产品约当产量计算。因为,不同工序的在产品相对于最终完工产品而言,耗费的直接材料成本水平是不一样的,如果不对各工序在产品产量约当计算,仍然按照前述与完工产品一样分配直接材料成本,就会高估在产品直接材料成本数额,产品成本核算不实,将会严重影响当期损益计算的正确性。由于原材料是在每道工序开始时一次投入该工序,从每道工序来看同一工序的在产品所耗用的原材料是相等的,而不同工序的在产品所耗用的原材料是不同的。因此,应以各道工序在产品投料程度(%)作为在产品约当产量计算的完工程度(%),正确确定分配直接材料费用的在产品约当产量。各道工序在产品投料程度(%),通常是按照各工序累计材料消耗定额与单位产品材料消耗定额的比例计算、确定的,并据以计算各工序在产品约当产量。在这种情况下,各道工序在产品累计材料消耗定额等于至本工序止各道工序材料消耗定额之和。其计算公式如下:

$$某工序在产品投料程度(\%) = \frac{本工序止各工序单位产品材料消耗定额之和}{单位产品材料消耗定额} \times 100\%$$

至于对直接人工、制造费用等加工费用分配时在产品约当产量的计算,仍按照在产品工时定额比例法计算确定各工序在产品完工程度,不再赘述。

 拓展知识

不计算在产品成本法

不计算在产品成本法是指某种产品本月归集的全部生产费用都计入本月完工产品成本,不计算月末在产品成本。

【案例】 某企业5月份生产A产品300件,月末完工290件,未完工10件,本月发生生产费用117 160元,其中直接材料费用69 020元,直接人工费用27 550元,制造费用20 590元。

根据以上资料,可编制产品成本计算单,见下表。

产品成本计算单

产品名称:A产品　　　　　　　2020年5月　　　　　　　完工产品产量:290件
　　　　　　　　　　　　　　　　　　　　　　　　　　月末在产品量:10件
　　　　　　　　　　　　　　　　　　　　　　　　　　单位:元

成本项目	直接材料	直接人工	制造费用	合计
材料费用	69 020			69 020
人工费用		27 550		27 550
制造费用			20 590	20 590
生产费用合计	69 020	27 550	20 590	117 160
完工产品成本	69 020	27 550	20 590	117 160
完工产品单位成本	238	95	71	404

采用这种方法时,虽然有月末在产品,但不计算其成本。这是因为月初与月末在产品数量很少、成本很小,那么月初在产品成本与月末在产品成本之间的差额就更小,算不算各月在产品成本对完工产品成本的正确性、真实性影响不大。所以,根据重要性原则,为简化产品成本计算工作,可以不计算月末在产品成本,而将本月归集的全部生产费用计入当月完工产品的总成本中。

不计算在产品成本法适用于月末在产品数量很少、价值较低的产品。例如,自来水厂、采掘企业就可以采用这种不计算在产品成本的方法。其特点是本月发生的生产费用等于本月完工产品成本。

在产品按年初成本计价法

在产品按年初成本计价法,也叫在产品按固定成本计价法,是指各月月末在产品成本均固定地按年初在产品成本计算,这样各月月初、月末的在产品成本保持一致、固定不变,因此本月归集的生产费用就是本月完工产品成本。

【案例】 某企业5月份生产乙产品300吨,月末完工240吨,未完工60吨。月初在产品成本:直接材料费用19 400元,直接人工费用6 790元,制造费用4 075元,合计30 265元。本月生产费用:直接材料75 120元,直接人工费用32 400元,制造费用18 000元,合计125 520元。

解析:

根据以上资料,编制产品成本计算单,见下表。

采用这种方法,各月在产品均按年初固定成本计价,时间一长,在产品成本可能与实际成本相差较大,从而影响成本计算的正确性。因此年终时,企业必须根据实际盘点的在产品数量,采用其他方法重新计算年末在产品成本,并将其作为下一年度各月的月初、月末在产品成本。

产品成本计算单

产品名称:乙产品　　　　　　2020年5月

完工产品产量:240吨
月末在产品量:60吨
单位:元

成本项目	直接材料	直接人工	制造费用	合　计
月初在产品成本	19 400	6 790	4 075	30 265
本月生产费用	75 120	32 400	18 000	125 520
生产费用合计	94 520	39 190	22 075	155 785
完工产品成本	75 120	32 400	18 000	125 520
完工产品单位成本	313	135	75	523
月末在产品成本	19 400	6 790	4 075	30 265

这种方法适用于各月月末在产品数量较少,或在产品数量虽大但各月之间在产品数量变动不大,能保持相对稳定的企业。例如,炼钢厂、化工厂这类利用高炉、化学反应装置或管道生产的企业,月末在产品数量都比较稳定,均可以采用这种方法。这种方法的特点是本月发生的生产费用等于本月完工产品成本。

在产品按直接材料成本计价法

在产品按直接材料成本计价是指月末在产品只计算其所耗用的直接材料成本,而直接人工成本和制造费用成本则全部由当月完工产品负担。这种方法减少了直接人工费用和制造费用在完工产品和月末在产品之间的分配工作。

【案例】 某企业 5 月份生产 B 产品，该产品直接材料成本占产品成本比重较大，采用在产品按直接材料成本计价法，原材料于生产开始时一次投入。该企业 B 产品月初在产品成本为 6 250 元。本月共生产 B 产品 500 台，月末完工 430 台，未完工产品 70 台。本月发生生产费用为：直接材料 68 750 元，直接人工 4 300 元，制造费用 2 150 元。直接材料费用按完工产品产量与月末在产品数量比例分配。

根据以上资料，编制产品成本计算单，见下表。

产品成本计算单

产品名称：B 产品　　　　　　　2020 年 5 月　　　　　　　完工产品产量：430 台
　　　　　　　　　　　　　　　　　　　　　　　　　　　月末在产品量：70 台
　　　　　　　　　　　　　　　　　　　　　　　　　　　单位：元

成本项目	直接材料	直接人工	制造费用	合　计
月初在产品成本	6 250			6 250
本月生产费用	68 750	4 300	2 150	75 200
生产费用合计	75 000	4 300	2 150	81 450
完工产品成本	64 500	4 300	2 150	70 950
完工产品单位成本	150	10	5	165
月末在产品成本	10 500			10 500

运用在产品按直接材料成本计价的方法，需要对全月发生的直接材料成本在完工产品和在产品之间进行分配。在直接材料一次性消耗的条件下，通常是按照产量比例进行分配。即

　　　　　　月末在产品成本 = 月末在产品应负担的直接材料成本

式中，月末在产品应负担的直接材料成本按下式计算：

　　月末在产品应负担的直接材料成本 = 月末在产品数量 × 单位产品直接材料成本

式中　　单位产品直接材料成本 = $\dfrac{\text{本月直接材料费用合计}}{\text{完工产品产量} + \text{月末在产品产量}}$

本期完工产品成本 = 月初在产品直接材料成本 + 本月生产费用 − 月末在产品直接材料成本

根据上述资料，月末在产品及完工产品成本计算如下：

　　单位产品直接材料成本 = $\dfrac{6\ 250 + 68\ 750}{430 + 70}$ = 150（元/台）

　　月末在产品直接材料费用 = 70 × 150 = 10 500（元）

　　本月完工产品成本 = 6 250 + 75 200 − 10 500 = 70 950（元）

　　完工产品单位成本 = 70 950 ÷ 430 = 165（元/台）

在产品按所耗原材料费用计价法适用于各月末在产品数量较多，各月末在产品数

量变化也较大,且直接材料费用在成本中所占比例较大的产品。这种方法的特点是本月发生的人工费用和制造费用全部计入完工产品成本。

在产品按完工产品成本计价法

在产品按完工产品成本计价法是将月末在产品视同完工产品,将各项生产费用的累计数按完工产品和在产品数量的比例进行分配,以确定月末完工产品成本和在产品成本。

【案例】 某企业5月份生产甲产品100件,月末完工产品80件,未完工产品20件。月初在产品成本:直接材料2 680元,直接人工1 430元,制造费用2 717元,合计6 827元。本月生产费用为:直接材料10 820元,直接人工4 870元,制造费用7 183元,合计22 873元。

根据以上资料,编制产品成本计算单,见下表。

产品成本计算单

产品名称:甲产品　　　　　2020年5月

完工产品产量:80件
月末在产品量:20件
单位:元

成本项目	直接材料	直接人工	制造费用	合　计
月初在产品成本	2 680	1 430	2 717	6 827
本月生产费用	10 820	4 870	7 183	22 873
生产费用合计	13 500	6 300	9 900	29 700
完工产品成本	10 800	5 040	7 920	23 760
完工产品单位成本	135	63	99	297
月末在产品成本	2 700	1 260	1 980	5 940

解析:

运用在产品成本按完工产品成本计价的方法,需要对成本项目各项费用合计,在完工产品和在产品之间进行分配,其中,在产品数量视同完工产品数量,按照两者产量比例对各项费用进行分配,计算确定在产品成本和完工产品成本。计算过程如下:

直接材料分配率 $= \dfrac{135\ 000}{80+20} = 135$(元/件)

完工产品应分配直接材料费用 $= 80 \times 135 = 10\ 800$(元)

月末在产品应分配直接材料费用 $= 20 \times 135 = 2\ 700$(元)

直接人工分配率 $= \dfrac{6\ 300}{80+20} = 63$(元/件)

完工产品应分配直接人工费用 $= 80 \times 63 = 5\ 040$(元)

> 月末在产品应分配直接人工费用 = 20 × 63 = 1 260(元)
>
> 制造费用分配率 = $\frac{9\,900}{80+20}$ = 99(元/件)
>
> 完工产品应分配制造费用 = 80 × 99 = 7 920(元)
>
> 月末在产品应分配制造费用 = 20 × 99 = 1 980(元)
>
> 在产品按完工产品成本计价法适用于月末在产品已基本加工完成,或者虽已经加工完毕但尚未包装或尚未验收入库的产品。这种方法的特点是单位在产品所应负担的各项费用与单位完工产品所负担的各项费用完全相同。

(二)定额成本法

1. 定额成本法的概念

定额成本法又称定额法,是根据月末在产品数量和在产品单位定额成本计算月末在产品成本的方法。这种方法就是月末在产品成本按定额成本计算,月初在产品成本加上本月发生的生产费用减去按定额成本计算的月末在产品成本,就是本月完工产品成本。采用定额成本法计算产品成本时,要求企业必须具备完整、合理的定额管理资料,且区分成本项目分别计算。

2. 定额成本法产品成本计算步骤

(1)计算月末在产品定额成本。

月末在产品直接材料定额成本 = 月末在产品的数量 × 单位在产品直接材料定额成本

月末在产品直接人工定额成本 = 月末在产品的数量 × 单位在产品直接人工定额成本

月末在产品制造费用定额成本 = 月末在产品的数量 × 单位在产品制造费用定额成本

月末在产品定额成本 = 月末在产品直接材料定额成本 + 月末在产品直接人工定额成本 + 月末在产品制造费用定额成本

企业定额资料中如果没有专门的在产品定额,可以采用单位产成品的定额数据,按照在产品的完工程度(或投料程度)进行折算。

(2)计算完工产品成本。

完工产品成本 = 月初在产品定额成本 + 本月发生生产费用 − 月末在产品定额成本

3. 定额成本法案例

【案例】 某企业生产乙产品,本月完工 100 件,月末在产品 20 件。月初在产品定额成本 15 000 元,本月生产费用 57 000 元,单位产品定额材料费用为 40 元,单位产品工时定额为 50 小时,定额人工、制造费用率分别为 3 元/小时、2 元/小时,材料在开工时一次投入,在产品完工率为 50%。试采用定额成本法计算完工产品和月末在产品的成本。

解析:

单位在产品定额成本 = 40 + 50 × (3 + 2) × 50% = 165(元)

月末在产品定额成本 = 20 × 165 = 3 300(元)

本月完工产品成本 = (15 000 + 57 000) − 3 300 = 68 700(元)

【案例】 中源公司为一家机械产品制造公司,有完备的定额管理资料。5 月 1 日,M 产品明细账期初在产品定额成本为14 785元,其中直接材料9 800元,直接人工2 685元,制造费用2 300元;本月份发生生产费用55 360元,其中直接材料29 780元,直接人工16 100元,制造费用9 480元。材料在生产开始时一次投入。M产品该月生产完工200件;月末在产品50件,单位在产品定额工时为13小时/件;单位M产品原材料定额费用为198元/件;单位在产品直接人工定额小时费用率为4.90元/小时,制造费用定额小时费用率为3.10元/小时。要求采用定额成本法计算M产品完工产品成本和月末在产品成本,并登录、编制M产品成本明细账(产品成本计算单)。

解析:

(1) 单位在产品定额成本:

① 直接材料 = 198(元/件)

② 直接人工 = 13(小时/件) × 4.9(元/小时) = 63.7(元/件)

③ 制造费用 = 13(小时/件) × 3.1(元/小时) = 40.3(元/件)

(2) 月末在产品定额成本:

① 在产品直接材料定额成本 = 50 × 198 = 9 900(元)

② 在产品直接人工定额成本 = 50 × 63.7 = 3 185(元)

③ 在产品制造费用定额成本 = 50 × 40.3 = 2 015(元)

(3) 本月完工产品成本:

① 完工产品直接材料成本 = 9 800 + 29 780 - 9 900 = 29 680(元)

② 完工产品直接人工成本 = 2 685 + 16 100 - 3 185 = 15 600(元)

③ 完工产品制造费用成本 = 2 300 + 9 480 - 2 015 = 9 765(元)

(4) 登录、编制M产品明细账,参见表2.2-4。

表2.2-4   产品成本计算单(M产品)

产品名称:M产品   2020年5月31日   完工产品产量:200件

单位:元

项 目	直接材料	直接人工	制造费用	合 计
月初在产品成本	9 800	2 685	2 300	14 785
本月发生生产费用	29 780	16 100	9 480	55 360
生产成本合计	39 580	18 785	11 780	70 145
单位在产品费用定额/(元/件)	198	63.7	40.3	302
月末在产品数量/件	50	50	50	—
月末在产品(定额)成本	9 900	3 185	2 015	15 100
结转完工产品成本	29 680	15 600	9 765	55 045

这种方法适用于各项消耗定额或费用定额比较准确、稳定,而且各月末在产品数量变化不大的产品成本计算。

（三）定额比例法

1. 定额比例法的概念

定额比例法是指按照完工产品和月末在产品的定额消耗量比例分配生产费用，求得完工产品和月末在产品成本的方法。其中，直接材料费用按直接材料定额耗用量或定额费用的比例分配，直接人工和制造费用等一般按完工产品与月末在产品定额工时的比例分配。

2. 定额比例法产品成本计算步骤

第一步，计算完工产品和月末在产品的定额耗用量：

完工产品材料（工时）定额消耗总量 = 完工产品数量 × 单位完工产品材料（工时）消耗定额

在产品材料（工时）定额消耗量 = 在产品数量 × 单位在产品材料（工时）消耗定额

第二步，计算费用分配率。

第三步，计算完工产品和月末在产品成本。

3. 定额比例法案例

【案例】 中源公司1月完工D产品500件，单位产成品原材料消耗定额6千克/件，工时定额40工时/件，期末在产品数量200件，单位在产品原材料消耗定额4千克/件，工时定额20工时/件。本月月初在产品直接材料成本24 000元，直接人工12 000元，制造费用10 000元，本月发生的直接材料成本52 000元，直接人工24 000元，制造费用16 400元。试采用定额比例法计算D产品完工产品和月末在产品成本。

解析：

第一步，计算完工产品和月末在产品的定额耗用量：

完工产品：原材料消耗定额 = 500 × 6 = 3 000（千克）

工时消耗定额 = 500 × 40 = 20 000（工时）

在产品：原材料消耗定额 = 200 × 4 = 800（千克）

工时消耗定额 = 200 × 20 = 4 000（工时）

第二步，计算费用分配率：

直接材料费用分配率 = (24 000 + 52 000) ÷ (3 000 + 800) = 20（元/千克）

直接人工费用分配率 = (12 000 + 24 000) ÷ (20 000 + 4 000) = 1.50（元/工时）

制造费用分配率 = (10 000 + 16 400) ÷ (20 000 + 4 000) = 1.10（元/工时）

第三步，计算完工产品和月末在产品成本：

完工产品成本 = 3 000 × 20 + 20 000 × 1.50 + 20 000 × 1.10 = 112 000（元）

月末在产品成本 = 800 × 20 + 4 000 × 1.50 + 4 000 × 1.10 = 26 400（元）

编制产品成本计算单如表2.2-5所示。

表 2.2-5　　　　　　　　　　产品成本计算单(D 产品)

产品名称：D 产品　　　　　2020 年 1 月 31 日　　　　　完工产品产量：500 件

单位：元

项　目	直接材料	直接人工	制造费用	合　计
月初在产品成本	24 000	12 000	10 000	46 000
本月发生生产费用	52 000	24 000	16 400	92 400
生产成本合计	76 000	36 000	26 400	138 400
完工产品定额费用或定额耗用量/千克、小时	3 000	20 000	20 000	—
在产品定额费用或定额耗用量/千克、小时	800	4 000	4 000	—
费用分配率	20	1.5	1.1	—
结转完工产品成本	60 000	30 000	22 000	112 000
月末在产品成本	16 000	6 000	4 400	26 400

这种方法适用于各项消耗定额或费用定额比较准确、稳定,但各月末在产品数量变动较大的产品。

 任务实施

完成【案例导入】中的要求。

分配材料费用

任务分析:材料费用归集过程中,生产硬糖、软糖两种产品发生共同耗用材料按硬糖、软糖两种产品直接耗用原材料的比例分配。分配结果见表 2.2-6。

表 2.2-6　　　　　　　　　　材料费用分配表

2020 年 8 月　　　　　　　　　　单位：元

会计科目	明细科目	分配标准	分配率	分配共耗材料	直接耗用材料			合　计
					原材料	周转材料——包装物	周转材料——低值易耗品	
生产成本——基本生产成本	硬糖	1 600 000		32 000	1 600 000	20 000		1 652 000
	软糖	1 200 000		24 000	1 200 000	8 000		1 232 000
	小计	2 800 000	2%	56 000	2 800 000	28 000		2 884 000
生产成本——辅助生产成本	供电车间				2 000			2 000
	供气车间				2 400			2 400
	小计				4 400			4 400

续表

会计科目	明细科目	分配标准	分配率	分配共耗材料	直接耗用材料			合计
					原材料	周转材料——包装物	周转材料——低值易耗品	
制造费用	基本生产车间				4 000		200	4 200
管理费用	修理费				2 400		800	3 200
合计				56 000	2 810 800	28 000	1 000	2 895 800

根据表2.2-6编制发出材料的会计分录如下：

借：基本生产成本——硬糖　　　　　　　　　　　　　1 652 000
　　　　　　　　——软糖　　　　　　　　　　　　　1 232 000
　　辅助生产成本——供电车间　　　　　　　　　　　　2 000
　　　　　　　　——供气车间　　　　　　　　　　　　2 400
　　制造费用——基本生产车间　　　　　　　　　　　　4 200
　　管理费用——修理费　　　　　　　　　　　　　　　3 200
　　贷：原材料　　　　　　　　　　　　　　　　　　2 866 800
　　　　周转材料——包装物　　　　　　　　　　　　　28 000
　　　　周转材料——低值易耗品　　　　　　　　　　　1 000

分配工资费用

任务分析：硬糖、软糖两种产品应分配的工资费用按硬糖、软糖两种产品的实际生产工时比例分配。分配结果见表2.2-7。

表2.2-7　　　　　　　　　　　　职工薪酬费用分配表

2020年8月　　　　　　　　　　　　　　　　　　　　　　单位：元

分配对象		工资		
会计科目	明细科目	分配标准/小时	分配率	分配额
生产成本——基本生产成本	硬糖	200 000		638 400
	软糖	100 000		319 200
	小计	300 000	3.192	957 600
辅助生产成本	供电车间			18 240
	供气车间			15 960
	小计			34 200
制造费用	基本生产车间			45 600
管理费用	工资			91 200
合计				1 128 600

根据表 2.2-7 编制应付职工薪酬分配业务的会计分录如下：

借：基本生产成本——硬糖（直接人工）　　　　　　　　　　　638 400
　　　　　　　　——软糖（直接人工）　　　　　　　　　　　319 200
　　辅助生产成本——供电车间　　　　　　　　　　　　　　　 18 240
　　　　　　　　——供气车间　　　　　　　　　　　　　　　 15 960
　　制造费用——基本生产车间（工资）　　　　　　　　　　　 45 600
　　管理费用——工资　　　　　　　　　　　　　　　　　　　 91 200
　　贷：应付职工薪酬——工资　　　　　　　　　　　　　　 1 128 600

分配五险、工会经费及职工教育经费

任务分析：硬糖、软糖两种产品应分配的五险、工会经费、职工教育经费，按硬糖、软糖两种产品的实际生产工时比例分配。分配结果见表 2.2-8。

表 2.2-8　　　　　　　　　五险、工会经费、职工教育经费分配表

2020 年 8 月　　　　　　　　　　　　　　　　　　　　　　　　　　　单位：元

项目	基本生产车间 基本生产成本 硬糖	基本生产车间 基本生产成本 软糖	制造费用	辅助生产车间 辅助生产成本——供电	辅助生产车间 辅助生产成本——供气	管理费用	合计
医疗保险费用/8%	51 072	25 536	3 648	1 459.2	1 276.8	7 296	90 288
失业保险费用/1%	6 384	3 192	456	182.4	159.6	912	11 286
养老保险费用/20%	127 680	63 840	9 120	3 648	3 192	18 240	225 720
工伤保险费用/0.5%	3 192	1 596	228	91.2	79.8	456	5 643
生育保险费用/1%	6 384	3 192	456	182.4	159.6	912	11 286
工会经费/2%	12 768	6 384	912	364.8	319.2	1 824	22 572
职工教育经费/2.5%	15 960	7 980	1 140	456	399	2 280	28 215
合计	223 440	111 720	15 960	6 384	5 586	31 920	395 010

根据表 2.2-8 编制有关会计分录如下：

借：基本生产成本——硬糖（直接人工）　　　　　　　　　　　223 440
　　　　　　　　——软糖（直接人工）　　　　　　　　　　　111 720
　　辅助生产成本——供电车间　　　　　　　　　　　　　　　 6 384
　　　　　　　　——供气车间　　　　　　　　　　　　　　　 5 586
　　制造费用——基本生产车间　　　　　　　　　　　　　　　 15 960
　　管理费用　　　　　　　　　　　　　　　　　　　　　　　 31 920
　　贷：应付职工薪酬——设定提存计划（养老保险）　　　　　225 720
　　　　　　　　　　——设定提存计划（失业保险）　　　　　 11 286
　　　　　　　　　　——社会保险费（医疗保险）　　　　　　 90 288

——社会保险费（工伤保险）		5 643
——社会保险费（生育保险）		11 286
——工会经费		22 572
——职工教育经费		28 215

计提固定资产折旧费用

任务分析：固定资产折旧费计算、分配结果见表2.2-9。

表2.2-9　　　　　　　　　　折旧费用计算表

2020年8月　　　　　　　　　　　　　　　　单位：元

会计科目	明细科目	费用项目	分配金额
制造费用	基本生产车间	折旧费	20 110
生产成本——辅助生产成本	供电车间	折旧费	4 000
	供气车间	折旧费	8 000
管理费用		折旧费	12 000
合　计			44 110

根据表2.2-9编制计提折旧的会计分录如下：

借：制造费用——基本生产车间　　　　　　　　　　　　　　20 110
　　辅助生产成本——供电车间　　　　　　　　　　　　　　 4 000
　　　　　　　　——供气车间　　　　　　　　　　　　　　 8 000
　　管理费用——折旧费　　　　　　　　　　　　　　　　　12 000
　贷：累计折旧　　　　　　　　　　　　　　　　　　　　　44 110

分配其他费用

任务分析：分配本月现金和银行存款支付费用。分配结果见表2.2-10。

表2.2-10　　　　　　　　　　其他费用分配表

2020年8月　　　　　　　　　　　　　　　　单位：元

会计科目	明细科目	现金支付	银行存款支付	合　计
制造费用	基本生产车间	1 050	14 000	15 050
辅助生产成本	供电车间	290	4 600	4 890
	供气车间	1 200	800	2 000
管理费用		3 220	10 000	13 220
合计		5 760	29 400	35 160

根据表2.2-10编制会计分录如下：

借：制造费用——基本生产车间	15 050	
辅助生产成本——供电车间	4 890	
——供气车间	2 000	
管理费用——财产保险费	13 220	
贷：库存现金		5 760
银行存款		29 400

分配辅助生产费用（直接分配法）

已知供电车间本月发生费用 35 514 元，供气车间本月发生费用 33 946 元。本月供电和供气车间提供的劳务量见表 2.2-11。

表 2.2-11　　　　　　　　供电和供气车间劳务量表

2020 年 8 月

受益部门	供电车间/千瓦时	供气车间/小时	受益部门	供电车间/千瓦时	供气车间/小时
供电车间		800	一般耗费	12 000	6 000
供气车间	6 000		厂部管理部门	20 000	2 200
基本生产车间	66 000	6 000	合计	92 000	9 000
其中：产品生产	54 000				

任务分析：分配辅助生产费用和产品生产动力费用。分配结果见表 2.2-12 和表 2.2-13。

表 2.2-12　　　　　　　辅助生产费用分配表（直接分配法）

2020 年 8 月　　　　　　　　　　　　　　　　　金额单位：元

辅助生产车间名称			供电车间	供气车间	合计
待分配辅助生产费用			35 514	33 946	69 460
辅助生产以外部门劳务供应量/千瓦时、小时			86 000	8 200	
费用分配率			0.413	4.14	
基本生产车间	产品生产	耗用量/千瓦时	54 000		
		分配额	22 302		22 302
	一般耗用	耗用量/千瓦时、小时	12 000	6 000	
		分配额	4 956	24 840	29 796
厂部管理部门		耗用量/千瓦时、小时	20 000	2 200	
		分配额	8 256	9 106	17 362
分配金额合计			35 514	33 946	69 460

表 2.2-13　　　　　　　　　　　产品生产动力费用分配表

2020 年 8 月　　　　　　　　　　　　　　　　　单位：元

产品	生产工时/小时	分配率	分配金额
硬糖	200 000		14 868
软糖	100 000		7 434
合计	300 000	0.074 34	22 302

根据表 2.2-12 和表 2.2-13 编制会计分录如下：
借：基本生产成本——硬糖　　　　　　　　　　14 868
　　　　　　　　——软糖　　　　　　　　　　　7 434
　　制造费用——基本生产车间　　　　　　　　29 796
　　管理费用　　　　　　　　　　　　　　　　17 362
　贷：辅助生产成本——供电车间　　　　　　　35 514
　　　　　　　　　——供气车间　　　　　　　33 946

分配制造费用
任务分析：根据基本生产车间制造费用明细账归集的制造费用总额，编制制造费用分配表。本任务按硬糖、软糖两种产品的生产工时比例分配制造费用，分配结果见表 2.2-14。

表 2.2-14　　　　　　　　　　　制造费用分配表

车间名称：基本生产车间　　　　　　　　　　　　　　单位：元

产品	生产工时/小时	分配率	分配金额
硬糖	200 000		87 144
软糖	100 000		43 572
合计	300 000	0.435 72	130 716

根据表 2.2-14 编制会计分录如下：
借：基本生产成本——硬糖　　　　　　　　　　87 144
　　　　　　　　——软糖　　　　　　　　　　43 572
　贷：制造费用——基本生产车间　　　　　　　130 716

编制产品成本计算单
该企业本月硬糖完工入库 1 000 件，月末在产品 200 件；软糖完工入库 400 件，月末在产品 80 件。

要求：(1) 按约当产量法分别计算硬糖、软糖两种产品的完工产品成本和月末在产品约当产量。

(2) 根据硬糖、软糖两种产品的月末在产品约当产量，采用约当产量法在硬糖、软糖两种产品的完工产品与月末在产品之间分配生产费用。

任务分析：（1）月末在产品约当产量计算情况见表 2.2-15 和表 2.2-16。

（2）编制产品成本计算单，见表 2.2-17、表 2.2-18。

表 2.2-15　　　　　　　　　　在产品约当产量计算表（一）

产品名称：硬糖　　　　　　　　　　　　　　　　　　　　　　　　　　　单位：件

成本项目	在产品数量	投料程度（加工程度）	约当产量
直接材料	200	100%	200
直接人工	200	50%	100
制造费用	200	50%	100

表 2.2-16　　　　　　　　　　在产品约当产量计算表（二）

产品名称：软糖　　　　　　　　　　　　　　　　　　　　　　　　　　　单位：件

成本项目	在产品数量	投料程度（加工程度）	约当产量
直接材料	80	100%	80
直接人工	80	50%	40
制造费用	80	50%	40

表 2.2-17　　　　　　　　　　产品成本计算单（一）

产品名称：硬糖　　　　　　　　　　　　　　　　　产量单位：件　　　金额单位：元

摘　要	直接材料	直接人工	制造费用	合　计
月初在产品成本	328 000	64 939	7 365	400 304
本月发生生产费用	1 666 868	861 840	87 144	2 615 852
生产费用合计	1 994 868	926 779	94 509	3 015 688
完工产品数量	1 000	1 000	1 000	—
在产品约当量	200	100	100	—
总约当产量	1 200	1 100	1 100	—
分配率（单位成本）	1 662.39	842.53	85.92	2 590.84
完工产品总成本	1 662 390	842 526	85 917	2 590 833
月末在产品成本	332 478	84 253	8 592	425 323

表 2.2-18　　　　　　　　　　　产品成本计算单(二)

产品名称：软糖　　　　　　　　　　　　　产量单位：件　　　金额单位：元

摘　要	直接材料	直接人工	制造费用	合　计
月初在产品成本	247 480	32 816	6 702	286 998
本月发生生产费用	1 239 434	430 920	43 572	1 713 926
生产费用合计	1 486 914	463 736	50 274	2 000 924
完工产品数量	400	400	400	—
在产品约当量	80	40	40	—
总约当产量	480	440	440	—
分配率(单位成本)	3 097.74	1 053.95	114.26	4 265.95
完工产品总成本	1 239 094.8	421 578	45 703.6	1 706 376.4
月末在产品成本	247 819.2	42 158	4 570.4	294 547.6

编制完工产品成本汇总表

任务分析：根据表 2.2-17、表 2.2-18 中的分配结果，编制完工产品成本汇总表(表 2.2-19)，并据以结转完工产品成本。

表 2.2-19　　　　　　　　　　　完工产品成本汇总表

2020 年 8 月　　　　　　　　　　　　　　　　　　　　　　　单位：元

成本项目	硬糖(1 000 件)		软糖(400 件)	
	总成本	单位成本	总成本	单位成本
直接材料	1 662 390	1 662.39	1 239 094.8	3 097.74
直接人工	842 526	842.53	421 578	1 053.95
制造费用	85 917	85.92	45 703.6	114.26
合　计	2 590 833	2 590.84	1 706 376.4	4 265.95

根据表 2.2-19 完工产品成本汇总表或成本计算单及成品入库单，结转完工入库产品的生产成本。编制会计分录如下：

借：库存商品——硬糖　　　　　　　　　　　　　　　　　　2 590 833
　　　　　　——软糖　　　　　　　　　　　　　　　　　　1 706 376.4
　　贷：基本生产成本——硬糖　　　　　　　　　　　　　　2 590 833
　　　　　　　　　——软糖　　　　　　　　　　　　　　1 706 376.4

课程思政

一滴水,疾渴人的支柱,
一度电,黑暗夜的希望。
节约用电,人走灯灭。
珍惜能源,节约用电。
请节约用电,大家才能用好电

节约用电

项目三

分批法下成本的计算

项目描述

理解分批法的含义及特点,明确区分品种法和分批法。熟知分批法的适用范围,掌握分批法计算产品成本的原理以及成本计算步骤,能够准确计算产品成本。

学习目标

1. 理解分批法的含义、特点
2. 熟知分批法适用范围
3. 掌握分批法成本核算基本原理
4. 掌握分批法成本核算计算步骤
5. 学会正确计算产品成本

任务一 一般分批法

任务描述

分批法也称当月分配法,是以产品的批别或订单作为成本计算对象来归集生产费用、计算产品成本的一种方法,包括一般分批法和简化分批法。产品投产时,按照产品的批次设置基本生产成本明细账,各月按照产品批次汇总并登记料、工、费等生产费用。产品完工时,计算并结转完工产品成本。

案例导入

一、企业基本情况

（1）名称：徐州翔宇机械有限公司。

（2）性质：中小型非上市有限责任公司。

（3）地址：徐州市桃山路30号。

（4）开户银行：中国建设银行徐州桃山路支行。

（5）企业生产情况：徐州翔宇机械有限公司是一家为泵送机械提供配件的外协厂家，该公司主要根据客户订单要求小批量生产变幅油缸、驱动油缸、泵送油缸三种油缸产品。根据该公司订单式小批量组织生产的特点，该公司应采用一般分批法计算产品成本。

二、该公司2020年7月有关成本资料

（1）7月初的在产品情况如表3.1-1所示。

表3.1-1　　　　　　　　　月初在产品成本

单位：元

批号	产品名称	成本项目			合计
		直接材料	直接人工	制造费用	
601	变幅油缸	8 400	3 980	4 480	16 860
602	驱动油缸	6 600	5 000	4 600	16 200
合计		15 000	8 980	9 080	33 060

（2）7月份生产情况如表3.1-2所示。

表3.1-2　　　　　　　　　产品生产情况

批号	产品名称	投产日期	投产数量	本月完工数量	月末在产品数量
601	变幅油缸	2020年6月10日	30件	30件	0
602	驱动油缸	2020年6月20日	24件	18件	6件
701	泵送油缸	2020年7月15日	32件	6件	26件

（3）7月份各批产品发生的生产费用如表 3.1-3 所示。

表3.1-3　　　　　　　　　　　　　产品生产费用资料

单位：元

批号	产品名称	成本项目			合计
		直接材料	直接人工	制造费用	
601	变幅油缸		5 500	6 200	11 700
602	驱动油缸		6 571	5 585	12 156
701	泵送油缸	4 500	4 280	5 000	13 780
合计		4 500	16 351	16 785	37 636

（4）完工产品与在产品之间的费用分配方法如下：

① 602 批次驱动油缸本月完工数量较大，采用约当产量法确认期末在产品成本。该批产品所需原材料在生产开始时一次投入，约当比 100%。其他费用的在产品完工程度为 50%。

② 701 批次泵送油缸本月完工 6 件，数量较少。为简化核算，完工产品按计划成本结转。每件产品单位计划成本为 760 元，其中直接材料 300 元，直接人工 220 元，制造费用 240 元。

要求：根据上述资料，按照程序归集生产费用，采用一般分批法计算各批次产品生产成本。

具体业务处理参照"任务实施"。

知识储备

一、分批法的含义

分批法又称为当月分配法，是以产品批别或订单作为成本计算对象来归集生产费用、计算产品成本的一种方法。

二、分批法的特点

（一）成本计算对象

分批法的成本计算对象就是产品批别或者订单。

（二）成本计算期

分批法的成本计算期是产品的生产周期。每批次的实际成本需要各批次产品完工之后才计算确定，故产品的成本计算期往往和产品生产周期保持一致，与会计报告期不一致。

（三）一般不需要在完工产品与月末在产品之间分配生产费用

（1）单件生产或按批生产且当月某批次产品全部完工的情况下，月末不需要进行完工产品与在产品费用的分配。

（2）按批生产且同批号产品有跨月陆续完工的情况下，需要采用一定的方法将费用在完工产品与在产品之间进行分配。

① 如果月末完工产品的数量占同批产品总数量的比重较小，则可以采用简便的方法计算单位完工产品成本，例如可以采用计划单位成本法、定额单位成本法等。

② 如果月末完工产品的数量占同批产品总数量的比重较大，则应当采用适当的方法将生产费用在完工产品和在产品之间进行分配，例如采用约当产量法、定额比例法等。

三、分批法的适用范围

分批法主要适用于单件、小批量类型的生产，例如重型机械、船舶、专用模具等的生产。具体应用于以下情形：

（1）根据客户订单要求按批次组织生产的企业。

（2）产品种类需要经常变换的小规模制造厂。

（3）专门承揽修理业务的企业或工厂。

（4）专门试制、开发新产品的车间等。

四、分批法成本计算程序

（1）确定成本计算对象，按批别或订单设置各产品的基本生产成本明细账。

（2）归集并分配本月发生的生产费用，能直接归属某一批号的费用，直接计入该批号产品成本明细账，不能直接归属的，需要按照一定分配标准分配计入不同批号产品成本明细账。

（3）产品完工月份，计算各批次完工产品成本和在产品成本。

（4）结转完工产品成本。

主动寻找降低产品成本因素，提高服务企业意识

解决"案例导入"中的问题。

任务解析：

首先，本月应设置601批、602批和701批三个批次产品"基本生产成本明细账"，归集本月发生的生产费用，分别如表3.1-4、表3.1-5、表3.1-6所示。

表 3.1-4 基本生产成本明细账

产品批号：601　　　　　　　　　　　　　　　　　　　　　　投产日期：6 月 10 日
产品名称：变幅油缸　　批量：30 件　　本月完工：30 件　　完工日期：7 月 31 日

单位：元

2020 年		摘 要	成本项目			合计
月	日		直接材料	直接人工	制造费用	
7	1	月初在产品成本	8 400	3 980	4 480	16 860
	31	分配材料费用				
	31	分配人工费用		5 500		5 500
	31	分配制造费用			6 200	6 200
	31	本月累计	8 400	9 480	10 680	28 560

表 3.1-5 基本生产成本明细账

产品批号：602　　　　　　　　　　　　　　　　　　　　　　投产日期：6 月 20 日
产品名称：驱动油缸　　批量：24 件　　本月完工：18 件　　完工日期：

单位：元

2020 年		摘 要	成本项目			合计
月	日		直接材料	直接人工	制造费用	
7	1	月初在产品成本	6 600	5 000	4 600	16 200
	31	分配材料费用				
	31	分配人工费用		6 571		6 571
	31	分配制造费用			5 585	5 585
	31	本月累计	6 600	11 571	10 185	28 356

表 3.1-6 基本生产成本明细账

产品批号：701　　　　　　　　　　　　　　　　　　　　　　投产日期：7 月 15 日
产品名称：泵送油缸　　批量：32 件　　本月完工：6 件　　完工日期：

单位：元

2020 年		摘 要	成本项目			合计
月	日		直接材料	直接人工	制造费用	
7	31	分配材料费用	4 500			4 500
		分配人工费用		4 280		4 280
		分配制造费用			5 000	5 000
		本月累计	4 500	4 280	5 000	13 780

其次,计算 601 批、602 批、701 批三个批次完工产品成本和在产品成本。

(1) 601 批产品,属于同一批次本月全部同时完工情况,其基本生产成本明细账中归集的费用即为完工产品成本,如表 3.1-7 所示。

表 3.1-7　　　　　　　　　　　　基本生产成本明细账

产品批号:601　　　　　　　　　　　　　　　　　　　　　　　　投产日期:6 月 10 日
产品名称:变幅油缸　　批量:30 件　　本月完工:30 件　　完工日期:7 月 31 日
　　　　　　　　　　　　　　　　　　　　　　　　　　　　　　　单位:元

| 2020 年 | | 摘　要 | 成本项目 | | | 合计 |
月	日		直接材料	直接人工	制造费用	
7	1	月初在产品成本	8 400	3 980	4 480	16 860
	31	分配材料费用				
	31	分配人工费用		5 500		5 500
	31	分配制造费用			6 200	6 200
	31	本月累计	8 400	9 480	10 680	28 560
		完工产品成本	8 400	9 480	10 680	28 560
		完工产品单位成本	280	316	356	952

(2) 602 批产品,根据资料可知,本月完工 18 件,月末在产品 6 件,采用约当产量法分配完工产品成本和在产品成本,如表 3.1-8 所示。

表 3.1-8　　　　　　　　　　　　基本生产成本明细账

产品批号:602　　　　　　　　　　　　　　　　　　　　　　　　投产日期:6 月 20 日
产品名称:驱动油缸　　批量:24 件　　本月完工:18 件　　完工日期:
　　　　　　　　　　　　　　　　　　　　　　　　　　　　　　　单位:元

| 2020 年 | | 摘　要 | 成本项目 | | | 合计 |
月	日		直接材料	直接人工	制造费用	
7	1	月初在产品成本	6 600	5 000	4 600	16 200
	31	分配材料费用				
	31	分配人工费用		6 571		6 571
	31	分配制造费用			5 585	5 585
	31	本月累计	6 600	11 571	10 185	28 356
		完工产品成本	4 950	9 918	8 730	23 598
		月末在产品成本	1 650	1 653	1 455	4 758

表 3.1-8 计算过程如下:

① 完工产品应分配的材料费用 = 6 600 ÷ (18 + 6) × 18 = 4 950(元)

月末在产品应分配的材料费用 = 6 600 − 4 950 = 1 650(元)

② 完工产品应分配的人工费用 = 11 571 ÷ (18 + 6 × 50%) × 18 = 9 918(元)

月末在产品应分配的人工费用 = 11 571 − 9 918 = 1 653(元)

③ 完工产品应分配的制造费用 = 10 185 ÷ (18 + 6 × 50%) × 18 = 8 730(元)

月末在产品应分配的制造费用 = 10 185 − 8 730 = 1 455(元)

（3）701 批产品，根据资料可知，本月完工 6 件，按计划单位成本计算完工产品成本，如表 3.1-9 所示。

表 3.1-9　　　　　　　　　　　　　　基本生产成本明细账

产品批号：701　　　　　　　　　　　　　　　　　　　　　　　投产日期：7 月 15 日
产品名称：变幅油缸　　批量：32 件　　本月完工：6 件　　　　完工日期：

单位：元

2020 年		摘要	成本项目			合计
月	日		直接材料	直接人工	制造费用	
7	31	分配材料费用	4 500			4 500
	31	分配人工费用		4 280		4 280
	31	分配制造费用			5 000	5 000
	31	本月累计	4 500	4 280	5 000	13 780
		计划单位成本	300	220	240	760
		完工产品成本	1 800	1 320	1 440	4 560
		月末在产品成本	2 700	2 960	3 560	9 220

表 3.1-9 计算过程如下：

① 完工产品应分配的材料费用 = 300 × 6 = 1 800(元)

月末在产品应分配的材料费用 = 4 500 − 1 800 = 2 700(元)

② 完工产品应分配的人工费用 = 220 × 6 = 1 320(元)

月末在产品应分配的人工费用 = 4 280 − 1 320 = 2 960(元)

③ 完工产品应分配的制造费用 = 240 × 6 = 1 440(元)

月末在产品应分配的制造费用 = 5 000 − 1 440 = 3 560(元)

最后结转完工产品成本：

借：库存商品——601　　　　　　　　　　　　　　　　　　　28 560
　　　　　　——602　　　　　　　　　　　　　　　　　　　23 598
　　　　　　——701　　　　　　　　　　　　　　　　　　　 4 560
　贷：基本生产成本——601　　　　　　　　　　　　　　　　28 560
　　　　　　　　——602　　　　　　　　　　　　　　　　　23 598
　　　　　　　　——701　　　　　　　　　　　　　　　　　 4 560

任务二　简化分批法

任务描述

简化分批法也称累计分配法,需要设置基本生产成本二级账,登记各批产品总成本。该方法下,只有当批次产品完工时,才需要采用累计间接费用分配率法分配间接费用、计算完工产品成本,当月无完工产品时只需登记直接费用和生产工时即可。该方法大大减少了未完工产品的成本核算工作量。

案例导入

一、企业基本情况

（1）名称:徐州腾飞机械有限公司。
（2）性质:中小型非上市有限责任公司。
（3）地址:徐州市金桥路18号。
（4）开户银行:中国建设银行徐州金桥路支行。
（5）企业生产情况:徐州腾飞机械是一家机械备件生产企业,专门生产DC系列回转减速机,该系列产品生产批次多、批量小,且月末未完工批次也很多。为简化成本核算工作量,根据该公司组织生产的特点,应采用简化分批法计算产品成本。

二、该公司2020年7月有关成本资料

（1）2020年7月,该企业各批次产品的投产及完工情况如表3.2-1所示。

表3.2-1　　　　　　　产品生产情况表

批号	产品名称	投产日期	投产数量	本月完工	完工日期
101	DC-500	2020年5月4日	20	20	2020年7月8日
102	DC-600	2020年6月2日	30	10	2020年7月31日
103	DC-700	2020年6月15日	15	0	未完工
104	DC-800	2020年7月10日	18	0	未完工

(2)月初在产品成本及累计工时如表 3.2-2 所示。

表 3.2-2　　　　　　　　　月初在产品成本及累计工时

2020 年 7 月 1 日　　　　　　　　　　　　　　　单位：元

批号	产品名称	生产工时/小时	成本项目			合计
			直接材料	直接人工	制造费用	
101	DC-500	8 500	37 000			—
102	DC-600	4 200	24 000			—
103	DC-700	5 300	27 000			—
合计		18 000	88 000	26 000	30 000	144 000

(3)本月发生的生产费用及工时情况如表 3.2-3 所示。

表 3.2-3　　　　　　　　　本月在产品成本及累计工时

2020 年 7 月　　　　　　　　　　　　　　　单位：元

批号	产品名称	生产工时/小时	成本项目			合计
			直接材料	直接人工	制造费用	
101	DC-500	4 300	15 000			—
102	DC-600	2 400				—
103	DC-700	2 600	13 500			—
104	DC-800	5 700	25 600			—
合计		15 000	54 100	23 500	29 400	107 000

(4)批号为 102 的 DC-600 产品,其原材料是在生产开始时一次性投入,单件产品的定额工时为 480 小时。

要求：根据上述资料,采用简化分批法计算各批次产品生产成本。

具体业务处理参照"任务实施"。

知识储备

一、简化分批法的含义

简化分批法,又称作累计分配法,是指当批次产品完工时,需要采用累计间接费用分配率法分配间接费用、计算完工产品成本,而对当月在产品只需登记直接费用和生产工时,无须分配间接费用的成本计算方法。

二、简化分批法的特点

（1）必须设置基本生产成本二级账，登记各批产品总成本。
（2）增设生产工时专栏，反映各批次产品累计生产工时情况。
（3）间接费用只有在完工产品月份才进行分配。

三、简化分批法的适用范围

简化分批法主要适用于单件或小批生产企业，各月发生的间接费用较均衡，同一月份产品投产批次很多，且月末未完工产品批次也很多的情形。

利用成本效益原则，
提高工作效率

四、简化分批法成本计算程序

（一）开设并登记基本生产成本二级账和各批次的基本生产成本明细账

基本生产成本二级账登记所有批次的生产工时以及料、工、费等生产费用期初数和本期发生数。未完工月份，各批次的基本生产成本明细账平时只登记本批次的生产工时和直接材料等直接费用。

（二）当批次产品完工时，计算该批次完工产品成本

（1）直接费用：完工产品应负担的直接费用即为各批次产品基本生产成本明细账中完工产品分配的直接材料费用。
（2）间接费用：完工产品应负担的各项间接费用可以根据批次完工产品所耗用的生产工时分别乘以各项累计间接费用分配率计算。

$$累计间接费用分配率 = \frac{全部产品某项间接费用累计数}{全部产品生产工时累计数}$$

某批次完工产品应分配的间接费用 = 该批次完工产品生产工时 × 累计间接费用分配率
某批次完工产品成本 = 该批次完工产品负担的直接费用 + ∑该批次完工产品分配的间接费用

（3）计算基本生产成本二级账中全部产品的完工产品成本和在产品成本。汇总各批次的基本生产明细账中完工产品成本，登记到基本生产成本二级账完工产品成本中，即为全部完工产品成本，然后用生产费用累计数减去完工产品成本，计算得出在产品成本。

任务实施

解决【案例导入】中的问题。

任务解析：

首先，开设并登记基本生产成本二级账以及101批、102批、103批和104批各批次的基本生产成本明细账，如表3.2-4至表3.2-8所示。

表3.2-4　　　　　　　基本生产成本二级账（各批别产品总成本）

单位：元

2020年		摘要	生产工时/小时	成本项目			合计
月	日			直接材料	直接人工	制造费用	
6	30	期初在产品成本	18 000	88 000	26 000	30 000	144 000
7	31	本月发生	15 000	54 100	23 500	29 400	107 000
	31	累计数	33 000	142 100	49 500	59 400	251 000

根据上述资料，计算得出全部产品累计间接费用分配率：

累计人工费用分配率 = 49 500/33 000 = 1.5

累计制造费用分配率 = 59 400/33 000 = 1.8

表3.2-5　　　　　　　　　基本生产成本明细账

产品批号：101　　　订货单位：东方工厂　　　　　　　　　　投产日期：5月
产品名称：DC-500　　批量：20件　　本月完工：20件　　　　完工日期：7月

单位：元

2020年		摘要	生产工时/小时	成本项目			合计
月	日			直接材料	直接人工	制造费用	
7	1	期初在产品成本	8 500	37 000			—
	31	本月生产费用	4 300	15 000			
	31	累计数	12 800	52 000			

表3.2-6　　　　　　　　　基本生产成本明细账

产品批号：102　　　订货单位：东方工厂　　　　　　　　　　投产日期：6月
产品名称：DC-600　　批量：30件　　本月完工：10件　　　　完工日期：7月

单位：元

2020年		摘要	生产工时/小时	成本项目			合计
月	日			直接材料	直接人工	制造费用	
7	1	期初在产品成本	4 200	24 000			—
	31	本月生产费用	2 400	0			—
	31	累计数	6 600	24 000			—

表 3.2-7　　　　　　　　　　　　　基本生产成本明细账

产品批号：103　　　　订货单位：光明工厂　　　　　　　　投产日期：6月
产品名称：DC-700　　 批量：15 件　　 本月完工：　　　　　完工日期：
　　　　　　　　　　　　　　　　　　　　　　　　　　　　　单位：元

2020 年		摘要	生产工时/小时	成本项目			合计
月	日			直接材料	直接人工	制造费用	
7	1	期初在产品成本	5 300	27 000			—
	31	本月生产费用	2 600	13 500			—
	31	累计数	7 900	40 500			—

表 3.2-8　　　　　　　　　　　　　基本生产成本明细账

产品批号：104　　　　订货单位：巨龙工厂　　　　　　　　投产日期：7月
产品名称：DC-800　　 批量：18 件　　 本月完工：　　　　　完工日期：
　　　　　　　　　　　　　　　　　　　　　　　　　　　　　单位：元

2020 年		摘要	生产工时/小时	成本项目			合计
月	日			直接材料	直接人工	制造费用	
7	31	本月生产费用	5 700	25 600			—
	31	累计数	5 700	25 600			—

其次，计算本月完工的 101 批次 DC-500 产品和 102 批次 DC-600 产品成本，完工产品成本如表 3.2-9、表 3.2-10 所示。

表 3.2-9　　　　　　　　　　　　　基本生产成本明细账

产品批号：101　　　　订货单位：东方工厂　　　　　　　　投产日期：5月
产品名称：DC-500　　 批量：20 件　　 本月完工：20 件　　 完工日期：7月
　　　　　　　　　　　　　　　　　　　　　　　　　　　　　单位：元

2020 年		摘要	生产工时/小时	成本项目			合计
月	日			直接材料	直接人工	制造费用	
7	1	期初在产品成本	8 500	37 000			—
	31	本月生产费用	4 300	15 000			—
	31	累计数	12 800	52 000			—
		全部产品累计间接费用分配率			1.5	1.8	—
		本月完工产品转出	12 800	52 000	19 200	23 040	94 240
		完工产品单位成本	640	2 600	960	1 152	4 712

表 3.2-9 计算过程如下：

由于本月全部完工，本月归集的生产工时 12 800 小时和直接材料 52 000 元即为完工产品生产工时和直接材料，间接费用根据完工产品工时乘以累计间接费用分配率计算得出。

完工产品应分配的直接人工 = 12 800 × 1.5 = 19 200（元）

完工产品应分配的制造费用 = 12 800 × 1.8 = 23 040（元）

表 3.2-10　　　　　　　　　　　基本生产成本明细账

产品批号：102　　　　订货单位：东方工厂　　　　　　　　投产日期：6 月
产品名称：DC-600　　批量：30 件　　本月完工：10 件　　完工日期：7 月
　　　　　　　　　　　　　　　　　　　　　　　　　　　　单位：元

2020 年		摘要	生产工时/小时	成本项目			合计
月	日			直接材料	直接人工	制造费用	
7	1	期初在产品成本	4 200	24 000			—
	31	本月生产费用	2 400				—
	31	累计数	6 600	24 000			
		全部产品累计间接费用分配率			1.5	1.8	—
		本月完工产品转出（10 件）	4 800	8 000	7 200	8 640	23 840
		月末在产品	1 800	16 000	—	—	—

表 3.2-10 计算过程如下：

由于材料费用生产时一次性投入，完工 10 件产品应分配的材料费用 = 24 000/30 × 10 = 8 000（元）。单件产品的定额工时为 480 小时，完工 10 件产品所耗工时为 4 800 小时，在产品的工时为 6 600 - 4 800 = 1 800（小时），完工 10 件产品应分配的直接人工 = 4 800 × 1.5 = 7 200（元），分配的制造费用 = 4 800 × 1.8 = 8 640（元）。

根据表 3.2-9、表 3.2-10 结转本月完工产品成本。

借：库存商品——101　　　　　　　　　　　　　　　　94 240
　　　　　　——102　　　　　　　　　　　　　　　　23 840
　贷：基本生产成本——101　　　　　　　　　　　　　94 240
　　　　　　　　——102　　　　　　　　　　　　　23 840

最后，根据表 3.2-9、表 3.2-10 汇总全部完工产品成本并登记到基本生产成本二级账中，然后将生产费用累计数减去完工产品成本得出期末在产品成本，如表 3.2-11 所示。

表 3.2-11　　　　　　　　　基本生产成本二级账(各批别产品总成本)

单位：元

2020 年		摘要	生产工时/小时	成本项目			合计
月	日			直接材料	直接人工	制造费用	
6	30	期初在产品成本	18 000	88 000	26 000	30 000	144 000
7	31	本月发生	15 000	54 100	23 500	29 400	107 000
	31	累计数	33 000	142 100	49 500	59 400	251 000
	31	全部产品累计间接费用分配率			1.5	1.8	
		本月完工产品转出	17 600	60 000	26 400	31 680	118 080
		月末在产品	15 400	82 100	23 100	277 20	132 920

项目四

分步法下成本的计算

项目描述

分步法作为产品成本计算的一种基本方法,按照产品生产步骤计算成本,便于考核和分析各种产品以及生产步骤的成本计划执行情况。本项目介绍了逐步结转分步法和平行结转分步法。

学习目标

1. 掌握分步法的含义、特点、适用范围和分类
2. 掌握逐步结转分步法的含义、适用范围、优缺点和分类
3. 掌握分项结转逐步结转分步法的含义、适用范围、优缺点、计算步骤
4. 了解综合结转逐步结转分步法的含义、适用范围、优缺点、计算步骤
5. 掌握平行结转分步法的含义、适用范围、优缺点、分类和计算步骤

 课程思政

构建循序渐进的
爱国主义教育体系

任务一 逐步结转分步法

 任务描述

分步法是以产品生产过程中各个加工步骤以及产品品种为成本核算对象,来归集与分配生产成本、计算各步骤半成品成本以及最终产成品成本的一种方法。本节任务先介绍分步法的基本理论与分类,进而对分步法中的逐步结转分步法进行阐释。通过本节任务的学

习,可在理解分步法中逐步结转分步法相关理论的同时,掌握逐步结转分步法的计算与应用。

案例导入

一、企业基本情况

(1) 名称:徐州万方纺织有限公司。

(2) 性质:小中型非上市有限责任公司(增值税一般纳税人)。

(3) 地址:徐州市铜山新区北京路23号。

(4) 开户银行:中国建设银行徐州市铜山支行。

(5) 企业属于制造业,生产天然彩棉布(简称C产品),所需主要原料为彩棉花。

(6) 公司设有纺纱、纺织两个基本生产车间,主要生产步骤为:先由纺纱车间将彩棉花纺成彩棉纱,纺纱完成后,将半成品送往纺织车间进行纺织,最后完成产成品彩棉布(C产品)。

(7) 公司有着较为稳定的生产条件,生产大量、大批多步骤产品。根据公司生产性质,为了实现对成本的有效管理,对该产品采用逐步结转分步法进行成本核算和控制。

二、相关成本资料

(一) 分项结转逐步结转分步法计算半成品成本

假设万方纺织有限公司现生产天然彩棉布(简称C产品)所需原材料在生产开始时一次性投入,第一车间(纺纱车间)生产的半成品(彩棉纱)交半成品库验收,并设置"自制半成品——彩棉纱"为企业的成本核算账户。已知纺纱车间的自制半成品彩棉纱仅供生产C产品使用。公司采用逐步结转分步法计算产品的成本。2020年11月,该公司第一车间有关C产品自制半成品的生产费用、产量等资料如表4.1-1所示。月初、月末在产品单位成本均为定额。

表4.1-1　　　　　　　第一车间生产费用等资料

第一车间:C产品半成品(彩棉纱)　　2020年11月　　　　　　　金额单位:元

项目	直接材料	直接人工	制造费用	合计
月初在产品成本(定额)	40 000	16 000	8 000	64 000
本月发生费用	120 000	96 000	48 000	264 000
合计	160 000	112 000	56 000	328 000
月末在产品成本(定额)	20 000	8 000	4 000	32 000

已知第一车间2020年11月生产完工入库半成品(彩棉纱)100匹,第二车间(纺织车间)按照所需数量从半成品库领用彩棉纱,所耗用的半成品按照实际成本采用月末一次加

权平均法计价。期初自制半成品成本如表4.1-2所示。

表4.1-2　　　　　　　　　　　期初自制半成品成本

2020年11月　　　　　　　　　　　　　　　　金额单位：元

产品名称	产量/匹	直接材料	直接人工	制造费用	合计
彩棉纱	50	70 750	52 450	26 300	149 500

根据彩棉纱半成品2020年11月的出库单得出，第二车间共领用120匹彩棉纱，全部用于生产C产品（天然彩棉布）。

根据上述2020年11月相关资料，采用分项结转逐步结转分步法计算C产品成本，要求：

（1）编制彩棉纱半成品基本生产成本明细账。

（2）编制自制半成品——彩棉纱完工入库的会计分录。

（3）登记自制半成品——彩棉纱的明细账。

（4）编制第二车间领用自制半成品——彩棉纱的会计分录。

具体业务处理参照【任务实施4-1】。

（二）分项结转逐步结转分步法计算产成品成本

2020年11月，该公司第二车间有关C产品的生产费用、产量等资料，如表4.1-3所示。月初、月末在产品单位成本均为定额。

表4.1-3　　　　　　　　　　　第二车间生产费用等资料

第二车间：C产品　　　　　　　2020年11月　　　　　　　　　金额单位：元

	产量/匹	直接材料	直接人工	制造费用	合计
月初在产品成本（定额）	15	11 400	1 200	600	13 200
本月领用彩棉纱半成品成本	120	168 600	125 160	62 640	356 400
本月生产费用	—	—	25 200	12 600	37 800
合计	135	180 000	151 560	75 840	407 400
月末在产品成本（定额）	5	3 800	400	200	4 400

第二车间（纺织车间）生产按照所需数量从半成品库领用彩棉纱，所耗用的半成品以及生产费用合计按照实际成本采用月末一次加权平均法计价。根据彩棉布产成品（C产品）2020年11月的出库单得出，第二车间完工130匹C产品，全部入成品库。

根据上述2020年11月相关资料，结合【任务实施4-1】，要求：

（1）登记基本生产成本C产品成本明细账。

（2）编制C产品完工入库的会计分录。

具体业务处理参照【任务实施4-2】。

知识储备

一、分步法认知（表 4.1-4）

表 4.1-4　　　　　　　　　　　分步法的知识要点

含义	分步法是指以产品生产过程中各个加工步骤以及产品品种为成本核算对象，来归集与分配生产成本，计算各步骤半成品以及最终产成品成本的一种方法。
适用范围	分步法主要适用于大量、大批、多步骤生产的企业，例如纺织、冶金、机械制造等。采用分步法的企业适用的生产类型主要包括连续式生产和装配式生产。在上述企业中，可将产品生产分为若干个生产步骤进行成本管理。为了便于考核和分析各种产品以及各生产步骤的成本计划执行情况，按照生产步骤来计算各步骤产品的成本。
特点	(1) 分步法的成本核算对象包括各种产品的生产步骤和产品品种。大量大批生产一种产品时，成本核算对象为该种产品及其各个生产步骤；大量大批生产多种产品时，成本核算对象则为各种产品及其各个生产步骤。 (2) 需要将生产成本在完工产品与在产品之间进行分配。一般采用分步法进行成本核算的制造类企业，经常在月末会出现一定数量的在产品，为计算完工产品的生产成本，需要将归集在生产成本明细账中的生产成本在完工产品与月末在产品之间进行分配。 (3) 成本计算期与会计报告期一致。大量、大批、多步骤生产的产品，往往需要跨月陆续完成，因此，成本计算工作一般会按月进行，即成本计算期与会计报告期一致，与生产周期不一致。 (4) 各生产步骤的半成品均需要进行成本的计算与结转。采用分步法计算产品成本，除了按品种计算和结转产品成本外，往往还需要结转各生产步骤的半成品成本。
分类	根据是否要求计算和结转半成品成本，可将分步法分为逐步结转分步法和平行结转分步法两种方法。其中，逐步结转分步法根据半成品在下一步骤生产成本明细账中的反映方式不同，可细分为分项结转逐步结转分步法和综合结转逐步结转分步法，如图 4.1-1 所示。 图 4.1-1　分步法的分类

拓展知识

连续式生产与装配式生产

在连续式生产的企业里,产品生产从开始投料到加工完成,需要依次通过一定顺序的加工步骤,这些加工步骤在技术上是可间断的,同时每经过一个加工步骤便产生形状或性质不同的半成品,每个步骤结束后都会产生不同的半成品。适用于该种生产类型的企业,往往上一步骤生产出的半成品是下一步骤需要加工的对象。例如:造纸企业的生产步骤必须先制浆,然后将纸浆制成纸,最后将制好的纸进行包装(下图)。随着加工步骤的转移,最后制成产成品。适用该生产类型的企业可以采用逐步结转分步法来计算产品成本。

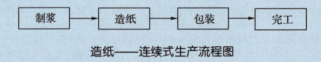

造纸——连续式生产流程图

在装配式生产的企业里,原材料投产后,由各零件车间分别制成各种零件,然后由各部件车间装配成各种部件,最后由组装车间装配成整机。如各部件车间可分别生产自行车的车座、轮胎、车链、脚踏板等部件,再由组装车间将上述部件等进行装配,最终生产出自行车产成品(下图)。适用该生产类型的企业各部件生产可以同时进行,且需要按照生产步骤来计算生产费用,但无须计算零部件的成本,可以采用平行结转分步法来计算产品成本。

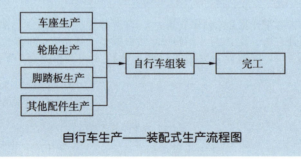

自行车生产——装配式生产流程图

二、逐步结转分步法(表 4.1-5)

表 4.1-5　　　　　　　　　　逐步结转分步法知识要点

含义	逐步结转分步法,亦称计算半成品成本分步法,是指按照产品的加工步骤,逐步计算并结转各步骤半成品成本,直到最后计算出完工产品成本的一种成本计算方法。
适用范围	适用于大量大批多步骤连续式生产、管理上要求分步骤计算半成品成本的企业。
特点	能够提供各步骤半成品成本的资料。

续表

分类	根据半成品在下一步骤生产成本明细账中的反映方式不同分为: (1)分项结转逐步结转分步法。 (2)综合结转逐步结转分步法。
成本计算程序	按照加工顺序先计算第一步骤加工的半成品成本并结转给第二步骤,第二步骤根据第一步骤结转来的半成品成本加上本步骤耗用的加工费用,计算出第二步骤的半成品成本,并结转到第三步骤,依此类推,直至计算出完工产品的成本。

三、分项结转逐步结转分步法(表 4.1-6)

表4.1-6　　　　　　　　　　分项结转逐步结转分步法知识要点

含义	分项结转逐步结转分步法,是指按照产品的加工顺序,将上一步骤的半成品成本按照原始成本项目明细分别转入下一步骤相应的成本项目中,直到最后计算出完工产品成本的一种成本计算方法。
适用范围	适用于大量大批多步骤连续式生产、管理上不要求分别计算各步骤完工产品所耗上一步骤半成品费用和本步骤加工费用,但要求按照原始成本项目反映产品成本的企业。
优缺点	优点: (1)可以按照原始成本项目反映产品成本,便于从企业角度分析产品的成本构成情况。 (2)不需要进行成本还原。 缺点: (1)按照"直接材料""直接人工""制造费用"等成本项目结转和登记半成品成本,工作量较大。 (2)无法反映所耗上一步骤的半成品成本以及本步骤的加工费用,不利于分析各步骤完工产品的成本。

任务实施

【任务实施4-1】 完成"案例导入"中的问题。

任务分析:

(1)根据上述资料,编制基本生产成本——彩棉纱明细账,具体如表4.1-7所示。

表4.1-7　　　　　　　　　　基本生产成本明细账

车间名称:第一车间　　　　产品名称:彩棉纱　　　　　　　　金额单位:元

2020年		摘　要	直接材料	直接人工	制造费用	合计
月	日					
11	1	月初在产品定额成本	40 000	16 000	8 000	64 000
	30	本月生产费用	120 000	96 000	48 000	264 000
	30	生产费用合计	160 000	112 000	56 000	328 000

续表

2020年		摘要	直接材料	直接人工	制造费用	合计
月	日					
	30	完工半成品成本转出	140 000	104 000	52 000	296 000
		半成品单位成本	1 400	1 040	520	2 960
		在产品单位定额成本	800	320	160	1 280
	30	月末在产品定额成本	20 000	8 000	4 000	32 000

根据表4.1-7可得出第一车间完工半成品转出至半成品库情况,详见图4.1-2。

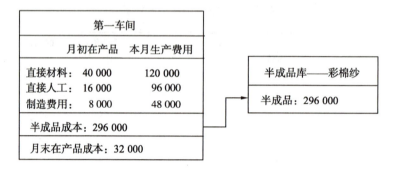

图4.1-2 第一车间成本计算

(2)根据表4.1-7、图4.1-2,编制半成品完工会计分录:

借:自制半成品——彩棉纱　　　　　　　　　　　　　　　　　296 000
　　贷:基本生产成本——第一车间(彩棉纱)　　　　　　　　　　296 000

(3)根据上述资料,编制自制半成品——彩棉纱成本明细账,具体如表4.1-8所示。

表4.1-8　　　　　　　　　　　　自制半成品明细账

半成品名称:彩棉纱　　　　　　2020年11月　　　　　　金额单位:元

摘要	数量/匹	实际成本			
		直接材料	直接人工	制造费用	合计
月初余额	50	70 750	52 450	26 300	149 500
本月增加	100	140 000	104 000	52 000	296 000
合计	150	210 750	156 450	78 300	445 500
单位成本	—	1 405	1 043	522	2 970
本月减少	120	168 600	125 160	62 640	356 400
月末余额	30	42 150	31 290	15 660	89 100

(4)第二车间从半成品库领用彩棉纱,结合上述资料,编制如下会计分录:

借:基本生产成本——第二车间(C产品)　　　　　　　　　　　356 400

贷：自制半成品——彩棉纱　　　　　　　　　　　　　　　　　356 400

【任务实施 4-2】 完成"案例导入"中的问题。

任务解析：

(1) 根据上述资料，编制基本生产成本 C 产品成本明细账，具体如表 4.1-9 所示。

表 4.1-9　　　　　　　　　　　　基本生产成本明细账

车间名称：第二车间　　　　　　产品名称：彩棉布（C 产品）　　　　　金额单位：元

2020 年		摘要	直接材料	直接人工	制造费用	合计
月	日					
11	1	月初在产品定额成本	11 400	1 200	600	13 200
	30	领用彩棉纱半成品成本	168 600	125 160	62 640	356 400
	30	本月生产费用	—	25 200	12 600	37 800
	30	生产费用合计	180 000	151 560	75 840	407 400
	30	完工产成品成本转出	176 200	151 160	75 640	403 000
		产成品单位成本	1 355.38	1 162.77	581.85	3 100
		在产品单位定额成本	760	80	40	880
	30	月末在产品定额成本	3 800	400	200	4 400

根据表 4.1-9，可得出第二车间完工产品转出至成品库情况，详见图 4.1-3。

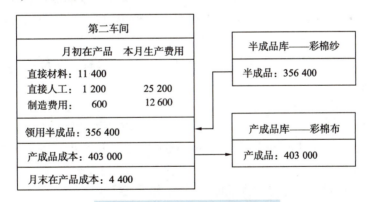

图 4.1-3　第二车间成本计算

(2) 根据表 4.1-9、图 4.1-3，已知本月 C 产品完工入库 130 匹，编制 C 产品完工入库的会计分录：

借：库存商品——C 产品　　　　　　　　　　　　　　　　　403 000
　　贷：基本生产成本——第二车间（C 产品）　　　　　　　　　403 000

综合结转逐步结转分步法

1. 含义

综合结转逐步结转分步法是指不用区分成本项目,将上一生产步骤转入下一生产步骤的半成品成本,即通过"直接材料"或"半成品"项目,综合转入下一生产步骤的成本计算方法。

2. 适用范围

适用于半成品具有独立的经济意义,且在管理上要求计算各生产步骤完工产品所耗半成品费用的企业。

3. 成本还原

(1) 含义:成本还原是指采用综合结转逐步结转分步法计算自制半成品成本时,先逐步分解、还原原始成本项目反映的成本,再汇总相加各步骤相同成本项目的数额,最后重新计算出按原始成本项目反映的产品成本资料的一种方法。

(2) 分类:主要包括系数还原法、项目比例还原法两种,其中,系数还原法相对较为常用。

(3) 计算公式:

① 某次成本还原分配率 = $\dfrac{本月完工产品所耗上一步骤半成品成本}{本月上一步骤所生产该种半成品成本合计}$

② 某次成本还原金额 = 本月上一步骤生产该种半成品某成本项目成本 × 该次成本还原分配率

③ 还原后产品的实际成本 = $\sum$(还原前某成本项目金额 + 该成本项目各次还原金额合计)

④ 成本还原次数 = 生产步骤数 − 1

4. 优缺点

(1) 优点:可以反映所耗上一步骤的半成品成本以及本步骤的加工费用,有助于各生产步骤成本管理。

(2) 缺点:有时必须进行成本还原,核算工作量较大。

5. 综合结转法案例与解析

承接任务实施 4-1、4-2 案例,结合第一车间彩棉纱基本生产成本明细账,采用综合结转逐步结转分步法计算 C 产品成本(要求进行成本还原)。

基本生产成本明细账

车间名称：第一车间　　　　产品名称：彩棉纱　　　　金额单位：元

2020年		摘要	数量/匹	直接材料	直接人工	制造费用	合计
月	日						
11	1	月初在产品定额成本	50	40 000	16 000	8 000	64 000
	30	本月生产费用	75	120 000	96 000	48 000	264 000
	30	生产费用合计	125	160 000	112 000	56 000	328 000
	30	完工半成品成本	100	140 000	104 000	52 000	296 000
		半成品单位成本	—	1 400	1 040	520	2 960
		在产品单位定额成本	—	800	320	160	1 280
	30	月末在产品定额成本	25	20 000	8 000	4 000	32 000

【案例解析】

（1）根据第一车间基本生产成本明细账，编制如下会计分录。

借：自制半成品——彩棉纱　　　　　　　　　　　　　　296 000
　　贷：基本生产成本——第一车间（彩棉纱）　　　　　　　296 000

（2）编制自制半成品明细账，如下表所示，并编制第二车间领用半成品的会计分录。

自制半成品明细账

仓库：半成品库　　　　产品：彩棉纱　　　　金额单位：元

2020年		摘要	收入			发出			结存		
月	日		数量（匹）	单价	金额	数量（匹）	单价	金额	数量（匹）	单价	金额
11	1	月初结存							50	2 990	149 500
	30	本月入库	100	2 960	296 000				150	2 970	445 500
	30	本月领用				120	2 970	356 400	30	2 970	89 100

根据上表，编制第二车间领用半成品的会计分录：

借：基本生产成本——第二车间（C产品）　　　　　　　356 400
　　贷：自制半成品——彩棉纱　　　　　　　　　　　　　356 400

（3）编制第二车间基本生产成本明细账，如下表所示，已知C产品本月完工入库130匹，编制C产品完工入库的会计分录。

基本生产成本明细账

车间名称:第二车间　　　　产品名称:C产品　　　　金额单位:元

2020年		摘要	数量(匹)	半成品	直接人工	制造费用	合计
月	日						
11	1	月初在产品定额成本	15	11 400	1 200	600	13 200
	30	本月生产费用	120	356 400	25 200	12 600	394 200
	30	生产费用合计	135	367 800	26 400	13 200	407 400
	30	完工产成品成本转出	130	364 000	26 000	13 000	403 000
		产成品单位成本	—	2 800	200	100	3 100
		在产品单位定额成本	—	760	80	40	880
	30	月末在产品定额成本	5	3 800	400	200	4 400

借:库存商品——C产品　　　　　　　　　　　　　　403 000
　　贷:基本生产成本——第二车间(C产品)　　　　　　403 000

6. 综合结转法成本还原

承接综合结转法案例,万方公司生产 C 产品的生产步骤为两步,成本还原需要进行一次(还原分配率结果保留6位小数,还原金额保留2位小数,尾差计入最后一个还原项目)。

【案例解析】

以第二车间完工产成品(C产品)成本中的半成品成本 364 000 元为还原对象,以本月第一车间所产彩棉布的综合成本 296 000 元为还原依据。

成本还原分配率 = 364 000/296 000 = 1.229 730

还原第一车间半成品彩棉布直接材料费用 = 140 000 × 1.229 730 = 172 162.20 (元)

还原第一车间半成品彩棉布直接人工费用 = 104 000 × 1.229 730 = 127 891.92 (元)

还原第一车间半成品彩棉布制造费用 = 364 000 − 172 162.2 − 127 891.92 = 63 945.88(元)

课程思政

循序渐进的
爱国主义教育1

任务二　平行结转分步法

任务描述

平行结转分步法通常适用于产品零部件可以同时投入生产,且需要按照生产步骤来计算生产费用,但无须计算零部件成本的装配式复杂生产的企业。本节任务主要介绍平行结转分步法的基本理论与计算公式,通过本节任务中相关理论与案例的学习,可在理解分步法中平行结转分步法相关理论的同时,掌握平行结转分步法的计算与应用。

案例导入

一、企业基本情况

（1）名称：欣欣文化用品有限公司。

（2）性质：小中型非上市有限责任公司（增值税一般纳税人）。

（3）地址：徐州市经济开发区金山桥路109号。

（4）开户银行：中国银行徐州市经济开发区支行。

（5）该企业为制造业,生产中性笔（简称Z产品）。所需主要零部件：笔芯、笔壳。

（6）公司设有第一、第二两个基本生产车间,主要生产步骤为：笔芯由第一车间负责加工生产,笔壳由第二车间负责加工生产,中间不设半成品库,笔芯、笔壳生产完成后,直接交付组装车间组装成中性笔（Z产品）。

（7）公司有着较为稳定的生产条件,生产大量、大批多步骤产品,根据公司生产性质,为了实现成本的有效管理,对该产品采用平行结转分步法进行核算和控制。

二、相关成本资料

假定原材料在各车间开始生产时一次投入,各车间月末在产品完工率均为50%,完工产品（应计入产成品"份额"）与月末在产品之间的分配均采用约当产量法。2020年12月份各车间生产相关资料如表4.2-1和表4.2-2所示。

表4.2-1　　　　　　　　2020年12月各车间产量资料

项目	笔芯/支	笔壳/副	中性笔/支
月初在产品数量	30 000	30 000	25 000
本月投入生产数量	80 000	80 000	65 000
本月完工转出数量	70 000	70 000	60 000
月末在产品数量	40 000	40 000	30 000

表 4.2-2   各车间生产费用资料

2020 年 12 月   金额单位：元

项目	车间	直接材料	直接人工	制造费用	合计
月初在产品成本	第一车间	12 000	12 000	6 000	30 000
	第二车间	18 000	7 000	3 000	28 000
	组装车间	—	4 000	2 000	6 000
本月生产费用	第一车间	40 000	32 000	16 000	88 000
	第二车间	47 000	15 000	8 000	70 000
	组装车间	—	11 000	5 500	16 500

根据上述 2020 年 12 月份相关资料，要求：

（1）编制基本生产成本——（第一车间）笔芯的明细账。
（2）编制基本生产成本——（第二车间）笔壳的明细账。
（3）编制基本生产成本——（组装车间）Z 产品的明细账。
（4）编制 Z 产品成本汇总表。
（5）编制 Z 产品完工入库会计分录。
具体业务处理参照"任务实施"。

 知识储备

平行结转分步法的相关知识见表 4.2-3。

表 4.2-3   平行结转分步法知识要点

含义	平行结转分步法，亦称不计算半成品成本分步法，是指不计算各生产步骤的半成品成本，而只计算本步骤发生的生产费用和应由最终完工产品负担的"份额"，期末将各步骤产品成本明细账中应由产成品负担的"份额"平行结转、汇总，计算出产成品成本的一种方法。
适用范围	适用于不计算零部件成本的装配式复杂生产，或者多步骤复杂生产且不要求提供各步骤半成品成本的企业。
成本计算程序	（1）各生产步骤分别计算出该种产品在本步骤发生的各种生产费用。 （2）将各生产步骤该种产品发生的生产费用在完工产品与在产品之间进行分配，确定各生产步骤应计入完工产品成本的"份额"。 （3）将各生产步骤应计入完工产品成本的"份额"相加，计算出该种完工产品的生产成本。

续表

计算公式	平行结转分步法通常采用约当产量法、定额比例法或定额成本法计算产成品成本"份额"，以下重点介绍采用约当产量法将生产费用在最终完工产品与广义在产品之间进行分配。 (1) 某步骤约当总产量的计算。各步骤产品约当总产量应选择适当的方法，按照直接材料和加工费用分别进行计算。 某步骤产品约当总产量＝最终完工产成品产量×单位产品所耗用该步骤半成品数量＋∑(后续步骤月末在产品数量×单位在产品耗用本步骤半成品数量)＋本步骤月末在产品数量×在产品完工程度(%) 若单位完工产品和后续步骤单位在产品只耗用本步骤1件半成品，则可将计算公式简化为： 某步骤产品约当总产量＝最终完工产成品数量＋后续步骤月末在产品数量之和＋本步骤月末在产品数量×在产品完工程度(%) ＝该步骤月初半成品数量＋该步骤完工半成品数量＋该步骤月末半成品数量×在产品完工程度(%) (2) 计算各步骤完工半成品单位成本。 某步骤完工半成品单位成本＝∑(该步骤各成本项目分配率)，其中： 直接材料分配率＝$\dfrac{期初在产品直接材料成本＋本期发生的直接材料费用}{本步骤产品直接材料的约当总产量}$ 直接人工分配率＝$\dfrac{期初在产品直接人工成本＋本期发生的直接人工费用}{本步骤产品加工费用的约当总产量}$ 制造费用分配率＝$\dfrac{期初在产品制造费用成本＋本期发生的制造费用}{本步骤产品加工费用的约当总产量}$ (3) 计算各步骤生产费用应计入完工产品的"份额"。 某步骤生产费用应计入完工产品的"份额"＝最终完工产成品的产量×单位产成品耗用该步骤半成品数量×该步骤完工半成品(或产成品)单位成本 (4) 计算各步骤广义在产品月末结存成本。 各步骤广义在产品月末结存成本＝本步骤生产费用合计－本步骤生产费用应计入完工产品的"份额" 某步骤广义在产品月末单位成本＝$\dfrac{本步骤广义在产品月末结存成本}{本步骤月末广义在产品数量}$
优缺点	优点： (1) 各生产步骤的成本计算可以同时进行，再平行汇总计入产成品成本，无须逐步结转半成品成本。 (2) 无须进行成本还原，从而简化和加速成本计算工作。 缺点： (1) 无法提供各个生产步骤的半成品成本资料。 (2) 在产品的生产费用在成为产成品之前，不随实物的转出而结转，因而无法为各个生产步骤在产品的实物管理以及资金管理提供资料。 (3) 各生产步骤的产品成本中不包括所耗半成品的生产费用，因而无法全面地反映各步骤产品的生产耗费水平(除第一步骤外)，也无法更好地满足这些步骤成本管理的要求。

定额比例法下计算产成品成本的"份额"

定额比例法下计算产成品成本的"份额"时,对于直接材料可以按照定额消耗量或定额费用比例进行分配,其他各项费用均采用定额比例法进行分配。计算步骤主要包括:

1. 计算某步骤产成品定额材料费用或定额工时

某步骤产成品定额材料费用(或定额工时) = 完工产成品数量 × 单位产成品耗用该步骤半成品的数量 × 该步骤单位半成品材料费用定额(或定额工时)

某步骤广义在产品定额材料费用(或定额工时) = [∑(该步骤后续步骤月末在产品数量 × 单位在产品耗用本步骤半成品数量) + 本步骤月末在产品数量 × 在产品完工程度(%)] × 本步骤单位半成品材料费用定额(或工时定额)

若该步骤单位在产品耗用本步骤半成品数量为1,则某步骤广义在产品定额材料费用(或定额工时) = [∑该步骤后续步骤月末在产品数量 + 本步骤月末在产品数量 × 在产品完工程度(%)] × 本步骤单位半成品材料费用定额(或工时定额)

2. 计算各步骤费用分配率

$$\text{某步骤直接材料分配率} = \frac{\text{该步骤月初在产品直接材料成本} + \text{本月发生的直接材料费用}}{\text{该步骤产成品定额材料费用} + \text{该步骤广义在产品定额材料费用}}$$

$$\text{某步骤直接人工分配率} = \frac{\text{该步骤月初在产品直接人工成本} + \text{本月发生的直接人工费用}}{\text{该步骤产成品定额工时} + \text{该步骤广义在产品定额工时}}$$

$$\text{某步骤制造费用分配率} = \frac{\text{该步骤月初在产品制造费用成本} + \text{本月发生的制造费用}}{\text{该步骤产成品定额工时} + \text{该步骤广义在产品定额工时}}$$

3. 计算各步骤应计入产成品成本的"份额"

某步骤应计入产成品成本的"份额" = 该步骤产成品的定额材料费用 × 该步骤直接材料分配率 + 该步骤产成品的定额工时 × 该步骤直接人工分配率 + 该步骤产成品的定额工时 × 该步骤制造费用分配率

4. 计算各步骤月末广义在产品成本

某步骤月末广义在产品成本 = 该步骤广义在产品的定额材料费用 × 该步骤直接材料分配率 + 该步骤广义在产品的定额工时 × 该步骤直接人工分配率 + 该步骤广义在产品的定额工时 × 该步骤制造费用分配率

任务实施

解决"案例导入"中的问题。

任务解析:

(1) 笔芯直接材料约当总产量 = 60 000 + 30 000 + 40 000 = 130 000(支)
笔芯加工费用约当总产量 = 60 000 + 30 000 + 40 000 × 50% = 110 000(支)
第一车间直接材料分配率 = (12 000 + 40 000)/130 000 = 0.4(元/支)
第一车间直接人工分配率 = (12 000 + 32 000)/110 000 = 0.4(元/支)
第一车间制造费用分配率 = (6 000 + 16 000)/110 000 = 0.2(元/支)
直接材料计入产成品成本的"份额" = 60 000 × 0.4 = 24 000(元)
直接人工计入产成品成本的"份额" = 60 000 × 0.4 = 24 000(元)
制造费用计入产成品成本的"份额" = 60 000 × 0.2 = 12 000(元)
第一车间计入产成品成本的"份额" = 24 000 + 24 000 + 12 000 = 60 000(元)
基本生产成本——(第一车间)笔芯的明细账如表4.2-4所示。

表4.2-4　　　　　　　　　　　基本生产成本明细账

车间名称：第一车间　　　　　产品名称：笔芯　　　　　金额单位：元

2020年		摘要	直接材料	直接人工	制造费用	合计
月	日					
12	1	月初在产品成本	12 000	12 000	6 000	30 000
	31	本月生产费用	40 000	32 000	16 000	88 000
	31	生产费用合计	52 000	44 000	22 000	118 000
		约当总产量	130 000	110 000	110 000	—
		分配率	0.4	0.4	0.2	1
	31	应计入产成品成本的"份额"	24 000	24 000	12 000	60 000
	31	月末广义在产品成本	28 000	20 000	10 000	58 000

(2) 笔壳直接材料约当总产量 = 60 000 + 30 000 + 40 000 = 130 000(副)
笔壳加工费用约当总产量 = 60 000 + 30 000 + 40 000 × 50% = 110 000(副)
第二车间直接材料分配率 = (18 000 + 47 000)/130 000 = 0.5(元/副)
第二车间直接人工分配率 = (7 000 + 15 000)/110 000 = 0.2(元/副)
第二车间制造费用分配率 = (3 000 + 8 000)/110 000 = 0.1(元/副)
直接材料计入产成品成本的"份额" = 60 000 × 0.5 = 30 000(元)
直接人工计入产成品成本的"份额" = 60 000 × 0.2 = 12 000(元)
制造费用计入产成品成本的"份额" = 60 000 × 0.1 = 6 000(元)
第二车间计入产成品成本的"份额" = 30 000 + 12 000 + 6 000 = 48 000(元)
基本生产成本——(第二车间)笔壳的明细账如表4.2-5所示。

表4.2-5　基本生产成本明细账

车间名称：第二车间　　　　　产品名称：笔壳　　　　　金额单位：元

2020年		摘要	直接材料	直接人工	制造费用	合计
月	日					
12	1	月初在产品成本	18 000	7 000	3 000	28 000
	31	本月生产费用	47 000	15 000	8 000	70 000
	31	生产费用合计	65 000	22 000	11 000	98 000
		约当总产量	130 000	110 000	110 000	—
		分配率	0.5	0.2	0.1	0.8
	31	应计入产成品成本的"份额"	30 000	12 000	6 000	48 000
	31	月末在产品成本	35 000	10 000	5 000	50 000

（3）中性笔Z产品加工费用约当总量 = 60 000 + 30 000×50% = 75 000（支）

组装车间直接人工分配率 = (4 000 + 11 000)/75 000 = 0.2（元/副）

组装车间制造费用分配率 = (2 000 + 5 500)/75 000 = 0.1（元/副）

直接人工计入产成品成本的"份额" = 60 000×0.2 = 12 000（元）

制造费用计入产成品成本的"份额" = 60 000×0.1 = 6 000（元）

组装车间计入产成品成本的"份额" = 12 000 + 6 000 = 18 000（元）

基本生产成本——（组装车间）Z产品的明细账如表4.2-6所示。

表4.2-6　基本生产成本明细账

车间名称：组装车间　　　　　产品名称：Z产品　　　　　金额单位：元

2020年		摘要	直接材料	直接人工	制造费用	合计
月	日					
12	1	月初在产品成本	—	4 000	2 000	6 000
	31	本月生产费用	—	11 000	5 500	16 500
	31	生产费用合计	—	15 000	7 500	22 500
		约当总产量	—	75 000	75 000	—
		分配率	—	0.2	0.1	0.3
	31	应计入产成品成本的"份额"	—	12 000	6 000	18 000
	31	月末在产品成本	—	3 000	1 500	4 500

（4）根据表4.2-4、表4.2-5和表4.2-6编制产品成本汇总表，如表4.2-7所示。

表 4.2-7　　　　　　　　　　　　　产成品成本汇总表

单位：元

项目	直接材料	直接人工	制造费用	合计
第一车间计入产成品成本"份额"	24 000	24 000	12 000	60 000
第二车间计入产成品成本"份额"	30 000	12 000	6 000	48 000
组装车间计入产成品成本"份额"	—	12 000	6 000	18 000
产成品总成本	54 000	48 000	24 000	126 000
产成品单位成本	0.9	0.8	0.4	2.1

（5）Z 产品完工入库会计分录：

借：库存商品——Z 产品　　　　　　　　　　　　　　　126 000
　　贷：基本生产成本——第一车间（Z 产品）　　　　　　　60 000
　　　　基本生产成本——第二车间（Z 产品）　　　　　　　48 000
　　　　基本生产成本——组装车间（Z 产品）　　　　　　　18 000

拓展知识

平行结转分步法与逐步结转分步法的比较

区别	逐步结转分步法	平行结转分步法
完工产品含义不同	每个步骤的完工半成品（最后一步的完工产品）	最后完工的产成品
在产品含义不同	狭义在产品（本步骤尚未加工完成的半成品）	广义在产品（除狭义在产品外，还包括本步骤加工完毕但尚未最终完工的产品）
是否计算半成品成本	是	否
生产费用是否随半成品实物的转移而结转	是	否
是否需要成本还原	分项结转不需要 综合结转需要	不需要
优点	（1）能够提供各生产步骤半成品成本资料 （2）能够全面反映各生产步骤的耗费水平，有助于在产品实物及资金管理	（1）各步骤可以同时计算产品生产费用，平行汇总计入产成品成本，不必逐步结转半成品成本 （2）能够直接提供按原始成本项目反映的产成品成本资料，不必进行成本还原，因而能够简化和加速成本计算工作

续表

区别	逐步结转分步法	平行结转分步法
缺点	(1) 成本核算工作比较复杂,成本结算工作量较大 (2) 综合结转逐步结转分步法需要成本还原,增加了核算的工作量	(1) 不能提供各个生产步骤的半成品成本资料 (2) 在产品的费用在最后成为产成品之前,不随实物转出而结转,即不按其所在的地点登记,而按其发生的地点登记,因而不能为各个生产步骤在产品的实物管理和资金管理提供资料 (3) 各生产步骤的产品成本不包括所耗半成品费用,因而不能全面地反映各步骤产品的生产耗费水平(除第一步骤外),也不能更好地满足这些步骤成本管理的要求

 课程思政

循序渐进的
爱国主义教育 2

项目五

变动成本法

 项目描述

变动成本法作为成本会计核算的重要方法之一,是以成本性态分析为前提,在计算产品成本时只包括产品生产过程中所消耗的直接材料、直接人工和变动制造费用即变动生产成本,而把固定制造费用即固定生产成本和非生产成本全部作为期间成本处理的产品成本计算方法。变动成本法的计算与完全成本法相比,更加符合"收入与费用相配比"的原则,更加有利于企业正确进行短期决策和成本控制。通过本项目的学习,学生可以掌握变动成本法的计算、分析与评价,提高实践能力。

学习目标

1. 掌握变动成本法下产品成本的构成
2. 掌握完全成本法下产品成本的构成
3. 掌握变动成本法下损益的计算
4. 掌握完全成本法下损益的计算
5. 熟悉变动成本法与完全成本法的损益差异分析
6. 熟悉变动成本法的评价

 任务一 变动成本法与完全成本法产品成本的计算

 任务描述

变动成本法和完全成本法是成本会计核算的重要方法,掌握变动成本法和完全成本法下单位产品的成本计算是非常重要的。理解变动成本法和完全成本法在理论基础、应用前提、产品构成内容方面的不同,对于应用不同的产品成本计算方法来准确计算单位产品成本

非常重要。

一、企业基本情况

（1）名称：徐州财缘触屏制造有限公司。
（2）性质：小型非上市有限责任公司（增值税一般纳税人）。
（3）地址：徐州市泰山路15号。
（4）开户银行：中国银行徐州泰山路支行。
（5）企业属于制造业，生产智能手机屏幕、笔记本屏幕等。
（6）公司的规模适中，有一定的固定成本，采用变动成本法和完全成本法分别计算单位产品的成本。

二、相关标准成本资料

徐州财缘有限公司月初没有在产品和产成品存货。当月某种产品共生产60件，销售40件，月末结存20件。该种产品的制造成本资料和企业的非制造成本资料如表5.1-1所示。

表5.1-1　　　　　　　　　　　产品成本资料

单位：元

成本项目	单位产品项目成本	项目总成本
直接材料	2 200	132 000
直接人工	500	30 000
变动制造费用	300	18 000
固定制造费用		24 000
管理费用		33 000
销售费用		40 000
合　计		277 000

分别采用变动成本法和完全成本法计算单位产品成本。
具体业务处理参照"任务实施"。

知识储备

一、变动成本法与完全成本法的比较

（一）概念不同

变动成本法是指在常规的产品成本计算过程中，以成本性态为前提，在计算产品成本时只包括产品生产过程中所消耗的直接材料、直接人工和变动制造费用，而把固定制造费用、销售费用、管理费用和财务费用全部作为期间成本处理的产品成本计算方法（图5.1-1）。

完全成本法是在计算产品成本时，把一定时期发生的直接材料、直接人工和全部制造费用都包括在内的方法。完全成本法将所有的制造成本，不论是固定制造费用还是变动制造费用，都"吸收"到了单位产品，因而被称为"吸收成本法"（图5.1-2）。

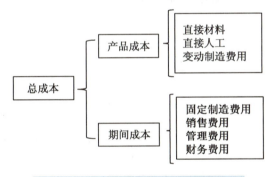

图 5.1-1　变动成本法的成本构成

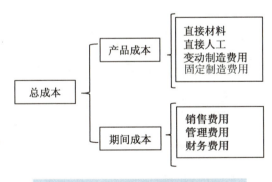

图 5.1-2　完全成本法的成本构成

（二）理论依据不同

变动成本法改变了完全成本法中把固定制造费用在本期销货与存货之间进行分配的老传统，而全部由当期负担。其理论依据是：固定制造费用主要是为企业提供一定的生产经营条件而发生的，这些生产经营条件一旦形成，不管其实际利用程度如何，有关费用照样发生，

它们与产品的实际产量没有直接联系,既不会因产量的提高而增加,也不会因为产量的下降而减少。它们实质上与特定会计期间相联系,和企业生产经营活动持续经营期的长短成比例,并随时间的推移而消逝。其效益不应递延到下一个会计期间,而应在其发生的当期,全额列入损益表,作为该期销售收入的一个扣减项目。

而完全成本法强调成本补偿的一致性。其理论依据是:只要与产品的生产有关的成本都应该作为产品成本。固定制造费用是在生产领域中发生的,与生产直接相关,从成本补偿的角度讲,其与直接材料、直接人工和变动制造费用的支出并无区别,所以应该作为产品成本,从产品销售收入中得到补偿。

(三) 应用前提不同

变动成本法的应用前提是以成本性态分析为基础,并对变动成本与固定成本进行估计;而完全成本法是以成本按其用途分类为基础,将成本分为生产成本与非生产成本(表 5.1-2)。

表 5.1-2　　　　　　　　变动成本法和完全成本法的成本构成

应用前提条件	变动成本法		完全成本法	
	以成本性态分析为基础		以成本按其用途分类为基础	
成本划分的类别	变动成本	直接材料	生产成本	直接材料
		直接人工		直接人工
		变动制造费用		
		变动销售费用		
		变动管理费用		制造费用
		变动财务费用		
	固定成本	固定制造费用	非生产成本	销售费用
		固定销售费用		
		固定管理费用		管理费用
		固定财务费用		财务费用

(四) 产品成本构成内容不同

在变动成本法下,产品成本的内容只包括变动生产成本中的直接材料、直接人工和变动制造费用三个项目,固定制造费用和非制造成本作为期间成本处理;而完全成本法下产品成本的内容包括直接材料、直接人工和全部制造费用,同时将非制造成本作为期间成本处理(表 5.1-3)。

表 5.1-3　　　　　　　　　　　产品成本资料

	变动成本法	完全成本法
产品成本	直接材料	直接材料
	直接人工	直接人工
	变动制造费用	变动制造费用
		固定制造费用
期间成本	固定制造费用	管理费用
	销售费用	销售费用
	财务费用	财务费用
	管理费用	

任务实施

解决"案例导入"中的问题。

如果采用变动成本法,则单位产品成本为 3 000 元 = 直接材料 2 200 元 + 直接人工 500 元 + 变动制造费用 300 元;如果采用完全成本法,则单位产品成本为 3 400 元 = 直接材料 2 200 元 + 直接人工 500 元 + 变动制造费用 300 元 + 单位固定制造费用 24 000/60 元。

完全成本法之所以比变动成本法的单位产品多了 400 元,就是由于后者每件产品都 "吸收"了固定制造费用 400 元所致。因为变动成本法将固定制造费用处理为期间成本,所 以变动成本法下的期间成本比完全成本法下高。

变动成本法下的期间成本为 97 000 元 = 固定制造费用 24 000 元 + 管理费用 33 000 元 + 销售费用 40 000 元;而完全成本法下则为 73 000 元 = 管理费用 33 000 元 + 销售费用 40 000 元。

任务二　变动成本法与完全成本法损益的计算

任务描述

掌握变动成本法和完全成本法下损益的计算,掌握变动成本法和完全成本法下损益表 的编制。理解变动成本法和完全成本法下损益差异的原因,并能够准确地进行分析。

案例导入

一、企业基本情况

（1）名称：徐州财缘触屏制造有限公司。

（2）性质：小型非上市有限责任公司(增值税一般纳税人)。

（3）地址：徐州市泰山路15号。

（4）开户银行：中国银行徐州泰山路支行。

（5）企业属于制造业，生产智能手机屏幕、笔记本屏幕等。

（6）公司的规模适中，有一定的固定成本，采用变动成本法和完全成本法核算期间损益。

二、相关标准成本资料

徐州财缘有限公司2019年度1、2、3三个月收入、成本及生产数据资料如表5.2-1所示（假定三个月中产品的价格和成本未变）。

分别采用变动成本法和完全成本法计算1月、2月、3月的损益并进行损益差异分析。

表 5.2-1　　　　　　　　　　成本及生产数据资料表

项目	1月	2月	3月
期初存货(件)	0	0	3 000
本期生产(件)	12 000	12 000	12 000
本期销售(件)	12 000	9 000	15 000
期末存货(件)	0	3 000	0
销售单价(元/件)	15	15	15
单位变动生产成本(元/件)	10	10	10
变动管理费用(元)	12 000	9 000	15 000
固定制造费用(元)	12 000	12 000	12 000
固定销售和管理费用(元)	16 000	16 000	16 000

具体业务处理参照"任务实施"。

知识储备

由于变动成本法和完全成本法损益计算的方法不一样,所以两种成本法下损益表的结构存在差异,如表 5.2-2 所示。

表 5.2-2　　损益表的基本结构

完全成本法下传统损益表	变动成本法下贡献式损益表
销售收入	销售收入
减:销售成本	减:变动成本
其中:期初存货成本	其中:变动生产成本
加:本期生产成本	变动销售和管理费用
减:期末存货成本	贡献毛益
销售毛利	减:期间成本
减:期间费用	其中:固定制造费用
其中:销售费用	销售费用
管理费用	管理费用
税前净利	税前净利

两种成本法下损益差异分析:变动成本法将固定制造费用全部作为期间费用,完全成本法将固定制造费用计入产品成本。在产销平衡的情况下,固定制造费用作为收入的抵减项已经全部扣除,所以两种方法下计算的损益是相等的。在产量大于销量的情况下,完全成本法下固定制造费用被"吸收"到产品的成本上,计算损益的时候,没有销售的产品"吸收"的固定制造费用没有被扣除。而变动成本法下固定制造费用已经全部作为期间成本扣除,故完全成本法下的损益会大于变动成本法下的损益。而当产量小于销量的时候,说明本期生产的产品不够销售,需要销售上期生产的产品。完全成本法计算损益的时候除了扣除本期生产产品"吸收"的固定制造费用以外,还有上期生产、本期销售的产品"吸收"的固定制造费用,所以完全成本法下的损益会小于变动成本法计算的损益。

任务实施

解决"案例导入"中损益计算问题。

表 5.2-3　　　　　　　　　　　损益表(变动成本法)

单位：元

项目	1月	2月	3月
销售收入(售价×销售量)	180 000	135 000	225 000
减：变动成本	132 000	99 000	165 000
其中：变动生产成本	120 000	90 000	150 000
变动性销售和管理费用	12 000	9 000	15 000
贡献毛益	48 000	36 000	60 000
减：固定成本	28 000	28 000	28 000
其中：固定性制造费用	12 000	12 000	12 000
固定性销售和管理费用	16 000	16 000	16 000
税前净利	20 000	8 000	32 000

损益计算(变动成本法)

表 5.2-4　　　　　　　　　　　损益表(完全成本法)

单位：元

项目	1月	2月	3月
销售收入	180 000	135 000	225 000
减：销售成本	132 000	99 000	165 000
其中：期初存货成本	0	0	33 000
加：本期生产成本	132 000	132 000	132 000
减：期末存货成本	0	33 000	0
销售毛利	48 000	36 000	60 000
减：销售和管理费用	28 000	25 000	31 000
其中：变动销售和管理费用	12 000	9 000	15 000
固定销售和管理费用	16 000	16 000	16 000
税前净利	20 000	11 000	29 000

项目五 变动成本法

损益计算(完全成本法)

 拓展知识

完成"案例导入"中损益差异的分析问题

1月份变动成本法和完全成本法下损益金额都是20 000元,金额是相等的。那是因为1月份的产量是12 000件,销量也是12 000件,产销是平衡的。变动成本法将固定制造费用12 000元作为期间成本直接扣除,完全成本法将固定制造费用12 000元"吸收"到产品成本中,通过销售成本科目也在税前被扣除了。

2月份变动成本法下的税前净利是8 000元,完全成本法下的税前净利是11 000元。完全成本法下的税前净利比变动成本法下多了3 000元,那是因为该月生产了12 000件产品,但是只销售了9 000件产品。在完全成本法下,每件产品分摊的固定制造费用是12 000元/12 000件=1元/件。生产了12 000件,销售了9 000件,完全成本法下销售收入抵减销售了9 000件的固定制造费用9 000元,而变动成本法下抵减了全部的固定制造费用12 000元。所以,完全成本法的利润会比变动成本法多3 000元。

3月份变动成本法下的税前净利是32 000元,完全成本法下的税前净利是29 000元。变动成本法下的税前净利比完全成本法下的税前净利多了3 000元,那是因为该月生产了12 000件产品,销售了15 000件。完全成本法下单位产品的成本包括1元/件的固定制造费用,总共15 000件,抵减的固定制造费用是15 000元。而变动成本法下抵减的固定制造费用是当期的12 000元固定制造费用。所以,完全成本法下的税前净利会比变动成本法下的税前净利少3 000元。

变动成本法
降低产品成本

单位变动成本
的降低方法

任务三　变动成本法的评价

　拓展学习

变动成本法的优点

变动成本法的诞生,突破了传统狭隘的成本观点,为强化企业的内部经营管理、提高经济效益开创了新路。这种成本计算方法主要有以下几个方面的优点。

1. 符合"收入与费用相配比"的原则

变动成本法将制造成本中的变动制造费用计入产品成本,将其中已销售部分作为当期费用与当期收入直接配比,而把未销售出去的产品转作存货,以便与未来的收入配比。制造成本中的固定部分与产品生产没有直接联系,它是为保持企业生产经营能力而发生的成本,随时间的消逝而消逝,变动成本法把这部分成本在发生的当期作为期间费用。这样做,完全符合"收入与费用相配比"的原则,因而用变动成本法计算出的税前净利较之完全成本法更真实、准确。

2. 有利于企业正确进行短期决策

企业管理者在进行短期决策时最关心的是成本、产量、利润之间的依存和消长关系,而变动成本法正好能提供这些信息。例如:变动成本法下求得的单位变动成本与贡献毛益等信息能揭示业务量与成本变动的内在规律,能提供各种产品的盈利能力等重要信息,帮助管理当局预测前景、规划未来,并正确地进行短期经营决策。

3. 有利于进行成本控制和业绩评价

变动成本法的单位产品成本中只包含变动制造成本,不包括固定制造成本。因此,每种产品的成本高低可以客观地反映该产品的成本控制情况,而不受固定制造费用分配方式的影响。此外,由于变动成本法对变动成本和固定成本分别计算,管理人员可以根据这两种成本各自的特点,采用不同的成本控制方法。对于变动制造成本,应从直接材料、直接人工成本和变动制造费用三个方面分别控制单位成本的高低;对于固定制造费用,则应将酌量性成本和约束性成本分开,通过预算的方式控制酌量性成本总额。这样,既可以提高成本控制的效果,又便于考核各部门的可控成本,并可对各有关责任单位履行经管责任的工作业绩做出恰当的、实事求是的评价。

4. 促使管理当局重视销售,防止盲目生产

采用变动成本法,产量的高低与存货的增减对税前净利都没有影响,在销售单价、单位变动成本和销售组合不变的情况下,企业税前净利将随销售量同方向变动。这样可以促使管理当局重视销售环节,千方百计加强促销活动,并把主要精力集中在研究市场动态、了解消费者需求、搞好销售预测和以销定产等方面。

5. 简化产品成本的计算，提高了成本核算信息的客观性

在变动成本法下，固定制造费用列作期间成本，全额从当期的贡献毛益总额中一笔扣除，因此省去了固定制造费用的分摊工作，大大简化了产品成本的计算。同时，由于固定成本与产量无关，所以在把固定制造费用直接分配到产品中时，无论采用哪一种分配标准（如产量、工时）都是不恰当的，在实际工作中必然是主观随意的。

变动成本法的缺点

1. 不符合传统的成本概念的要求

产品成本就应该包括变动成本也包括固定成本，而按变动成本法计算出来的产品成本，显然不能满足这个要求。何况变动成本与固定成本的划分，在很大程度上是假设的结果，而不是一种非常精确的计算。

2. 不能满足企业长期预测、决策的需要

虽然变动成本法所提供的信息在短期经营决策中能作为确定最优方案的重要依据，但从较长的经营期考察，企业的生产能力、经营条件和生产工艺、技术水平等不可能一成不变，成本消耗水平也不可能始终保持稳定不变，这样，变动成本法提供的产品成本资料就不能满足企业长期预测、决策的需要。

3. 由传统的完全成本法改用变动成本法会影响有关方面的利益

由完全成本法改用变动成本法时，一般要降低期末的存货计价，相应地就会减少当期的税前净利，这样企业就会延迟支付当期的所得税和股利，从而暂时影响当期征税机关的所得税收入和投资者的股利收益。

综上所述，变动成本法是侧重于"对内服务"的成本计算方法。其优缺点是相对于完全成本法而言的。比如变动成本法下的产品成本不符合传统的成本概念，而完全成本法下的产品成本是符合传统的成本概念的，正因为如此，完全成本法得到了公认会计原则的认可和支持，从而企业只能以完全成本法为基础编制对外报表。所以，完全成本法是侧重于"对外服务"的一种成本计算方法。总之，变动成本法与完全成本法各有其优缺点，又各有其职能。

科技创新降低人力
成本的实际报道

走可持续发展道路，
降低产品成本

项目六

作业成本法

  项目描述

作业成本法作为一种基于活动的成本计算方法,对传统的成本计算方法做出了调整,更加关注产品的生产运作过程。作业成本法将成本的消耗与所从事工作之间的直接联系展现出来,管理者可以更加明确成本投入是否有效,并据此加强对生产运作的管理,降低成本,提高生产效率,使企业具有更强的竞争力与发展力。

本项目首先引导学生对作业成本法进行基本认知,明确作业成本法的含义、基本原则,理解相关的主要概念,然后展开对作业成本法计算的学习,明确计算步骤,掌握成本分配方法。通过本项目的学习,学生可以理解作业成本的相关理念,掌握作业成本法的计算,提高对企业产品成本计算的准确性与科学性。

  学习目标

1. 理解作业成本法的含义
2. 掌握作业成本法的基本概念
3. 了解作业成本法的应用程序
4. 掌握作业成本法的计算步骤
5. 掌握作业成本分配的主要程序

任务一 作业成本认知

  任务描述

对于具备同一生产线生产多种产品,企业规模较大且管理层对产品成本准确性要求较高,产品、客户和生产过程多样化程度较高,间接或辅助资源费用所占比重较大等特征的企业来说,其更加适合使用作业成本法进行产品成本管理。作业成本法可以提供全口径、多维度的更加准确的成本信息,为资源的合理配置以及作业、流程和作业链(或价值链)的持续优化提供依据。通过作业成本法提供的信息,可以为企业更有效地开展规划、决策、控制、评价等各种管理活动奠定坚实基础。

一、企业基本情况

(1) 名称:徐州味美鲜餐饮管理有限责任公司。
(2) 性质:中型非上市有限责任公司(增值税一般纳税人)。
(3) 地址:徐州市泰山路33号。
(4) 开户银行:中国银行徐州泰山路支行。
(5) 企业营业范围:餐饮管理、食品供应链管理、食品技术开发、餐饮服务、食品经营等。
(6) 公司秉承专业精神与服务理念,运用先进的科学化精细化管理、高效的网络路由规划以及尖端的信息管理平台,密切关注客户需求,不断创新升级。为更有效地开展管理活动,企业尝试采用作业成本法进行成本核算。

二、相关作业成本资料

徐州味美鲜餐饮管理有限责任公司初次尝试作业成本法,为防止成本变革带来的不利影响,公司决定先对餐饮中的地锅鸡、藤椒鱼采用作业成本法进行管理。公司主要有餐饮服务中心、食材供应服务中心、食品研发服务中心。2020年第一季度公司各家门店餐饮成本费用合计及明细情况如表6.1-1、表6.1-2、表6.1-3所示。

表6.1-1　　2020年第一季度地锅鸡、藤椒鱼营业成本情况统计表

项目	地锅鸡	藤椒鱼	合计
座位数量/位	405	205	610
实际出售餐饮数/份	28 000	21 600	49 600
食材供应次数/次	310	155	465
食品研发次数/次	255	131	386
不含税收入/元	4 704 000	1 080 000	5 784 000

表 6.1-2　　2020 年第一季度成本费用明细表

金额单位：元

项目	合计	解释说明
人工成本	1 200 000	各项服务中心人工成本，与员工工作天数相关
场地租赁费	500 000	与次数相关
折旧费	300 000	与次数相关
运输费	200 000	与次数相关
能耗费	134 000	与次数相关
包装耗材	500 000	与次数相关
其他费用	100 000	与次数相关
合计	2 934 000	—

表 6.1-3　　2020 年第一季度人工成本明细表

金额单位：元

项目	人数/人	工资
餐饮服务中心	50	790 000
食材供应中心	18	240 000
食品研发中心	7	170 000
合计	75	1 200 000

备注：假设所有员工全勤参加工作。

请根据对作业成本相关概念的学习，完成表 6.1-4。

表 6.1-4　　成本信息汇总表

资源	资源动因	作业	作业动因

具体业务处理参照"任务实施"。

知识储备

一、含义

随着自动化制造时代的来临,产品生产的制造费用比重大幅提高,直接人工的比重相对降低。因此企业对产品成本的计算是否准确、对成本的管控是否有效,很大程度上取决于制造费用等间接成本的分配是否科学合理。

作业成本法,是指以"作业消耗资源、产出消耗作业"为原则,按照资源动因将资源费用追溯或分配至各项作业,计算出作业成本,然后再根据作业动因,将作业成本追溯或分配至各成本对象,最终完成成本计算的成本管理方法。

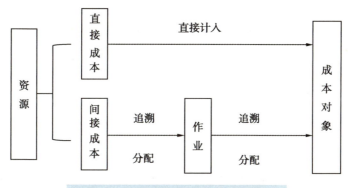

图 6.1-1　作业成本法成本计算过程

二、基本概念

作业成本法引入了一系列全新的成本概念,学习作业成本法,首先要明确资源费用、作业、成本对象、成本动因、资源动因和作业动因等相关概念。

(一) 资源费用

资源费用,是指企业在一定期间内开展经济活动所发生的各项资源耗费。资源费用既包括房屋及建筑物、设备、材料、商品等有形资源的耗费,也包括信息、知识产权、土地使用权等各种无形资源的耗费,还包括人力资源耗费以及其他各种税费支出等(表 6.1-5)。

表 6.1-5　　　　　　　　　　不同行业资源费用举例

行业类型	资源费用举例
快递公司	包装耗材、运输费
珠宝公司	设计费
酒店业	清洗消毒费
旅游业	票务费、接团成本

为便于将资源费用直接追溯或分配至各作业中心,企业还可以按照资源与不同层次作业的关系,将资源分为五类(表6.1-6)。

表6.1-6　　　　　　　　　　　　　　资源费用分类

种类	解释
产量级资源	包括为生产单个产品(或服务)所要求的原材料、零部件、人工、能源等
批别级资源	包括用于生产准备、机器调试的人工等
品种级资源	包括为生产某一种产品(或服务)所需要的专用化设备、软件或人力等
顾客级资源	包括为服务特定客户所需要的专门化设备、软件和人力等
设施级资源	包括土地使用权、房屋及建筑物,以及所保持的不受产量、批别、产品、服务和客户变化影响的人力资源等

对产量级资源费用,应直接追溯至各作业中心的产品等成本对象。对于其他级别的资源费用,应选择合理的资源动因,按照各作业中心的资源动因量比例,分配至各作业中心。

企业为执行每一种作业所消耗的资源费用的总和,构成该种作业的总成本。

（二）作业

作业,是指企业基于特定目的重复执行的任务或活动,是连接资源和成本对象的桥梁。一项作业既可以是一项非常具体的任务或活动,也可以泛指一类任务或活动(表6.1-7)。按消耗对象不同,作业可分为主要作业和次要作业。主要作业是被产品、服务或客户等最终成本对象消耗的作业;次要作业是被原材料、主要作业等介于中间地位的成本对象消耗的作业。

表6.1-7　　　　　　　　　　　　不同行业特色作业举例

行业类型	作业举例
快递公司	揽收、投递
珠宝公司	设计图纸、抛光
酒店业	住宿服务
旅游业	接团

企业可以按照受益对象、层次和重要性,将作业分为以下五类(表6.1-8)。

表6.1-8　　　　　　　　　　　　　　作业类型

种类	解释	举例
产量级作业	明确地为个别产品(或服务)实施的、使单个产品(或服务)受益的作业。该类作业的数量与产品(或服务)的数量成正比例变动	产品加工、产品检验

续表

种类	解释	举例
批别级作业	为一组（或一批）产品（或服务）实施的、使该组（或批）产品（或服务）受益的作业。该类作业的发生是由生产的批量数而不是单个产品（或服务）引起的，其数量与产品（或服务）的批量数成正比变动	设备调试、生产准备
品种级作业	为生产和销售某种产品（或服务）实施的、使该种产品（或服务）的每个单位都受益的作业。该类作业用于产品（或服务）的生产或销售，但独立于实际产量或批量，其数量与品种的多少成正比例变动	包括新产品设计、现有产品质量与功能改进、生产流程监控、工艺变换需要的流程设计、产品广告等
客户级作业	为服务特定客户所实施的作业。该类作业保证企业将产品（或服务）销售给个别客户，但作业本身与产品（或服务）数量独立	包括向个别客户提供的技术支持活动、咨询活动、独特包装等
设施级作业	为提供生产产品（或服务）的基本能力而实施的作业。该类作业是开展业务的基本条件，其使所有产品（或服务）都受益，但与产量或销量无关	管理作业、针对企业整体的广告活动

（三）成本对象

成本对象，是指企业追溯或分配资源费用、计算成本的对象物。成本对象可以是工艺、流程、零部件、产品、服务、分销渠道、客户、作业、作业链等需要计量和分配成本的项目（表6.1-9）。

表6.1-9　　　　　　　　　　不同行业成本对象举例

行业类型	成本对象举例
快递公司	文件、物品
珠宝公司	项链、戒指
酒店业	标准房、精品房
旅游业	出境游、境内游

（四）成本动因

成本动因，是指诱导成本发生的原因，是成本对象与其直接关联的作业和最终关联的资源之间的中介。按其在资源流动中所处的位置和作用，成本动因可分为资源动因和作业动因。

1. 资源动因

资源动因是引起资源耗用的成本动因，它反映了资源耗用与作业量之间的因果关系。资源动因的选择与计量为将各项资源费用归集到作业中心提供了依据。

企业一般应选择那些与资源费用总额呈正比例关系变动的资源动因作为资源费用分配的依据(表6.1-10)。

表6.1-10　　　　　　　　　　　不同行业资源动因举例

行业类型	资源费用举例	资源动因举例
快递公司	包装耗材、运输费	件数、运输里程
珠宝公司	设计费	投入额
酒店业	清洗消毒费	入住房天数
旅游业	票务费、接团成本	接待人次、接团团次

2. 作业动因

作业动因是引起作业耗用的成本动因,反映了作业耗用与最终产出的因果关系,是将作业成本分配到流程、产品、分销渠道、客户等成本对象的依据(表6.1-11)。

表6.1-11　　　　　　　　　　　不同行业作业动因举例

行业类型	作业举例	作业动因举例
快递公司	揽收、投递	收件件数、投递件数
珠宝公司	设计图纸、抛光	设计工时、加工工时
酒店业	住宿服务	客人入住房天数
旅游业	接团	接团团次

作业动因可以进一步分为交易动因、持续时间动因和强度动因三类(表6.1-12)。企业如果每次执行作业所需要的资源数量相同或接近,应选择交易动因;如果每次执行所需要的时间存在显著的不同,应选择持续时间动因;如果作业的执行比较特殊或复杂,应选择强度动因。

表6.1-12　　　　　　　　　　　作业动因分类

种类	解释	举例
交易动因	用执行频率或次数计量的成本动因	接受或发出订单数、处理收据数等
持续时间动因	用执行时间计量的成本动因	产品安装时间、检查小时等
强度动因	不易按照频率、次数或执行时间进行分配而需要直接衡量每次执行所需资源的成本动因	特别复杂产品的安装、质量检验等

对于选择的作业动因,企业应采用相应的方法和手段进行计量,以取得作业动因量的可靠数据。

三、应用程序

企业应用作业成本法,一般按照资源识别及资源费用的确认与计量、成本对象选择、作业认定、作业中心设计、资源动因选择与计量、作业成本汇集、作业动因选择与计量、作业成本分配、作业成本信息报告等程序进行。

 任务实施

解决"案例导入"中的问题。

对公司相关餐饮费用项目进行分析、归类,如表 6.1-13 所示。

表 6.1-13　　　　　　　　　　成本信息汇总表

资源	资源动因	作业	作业动因
人工成本 包装耗材 能耗费 运输费 其他费用 折旧费 场地租赁费	工作天数 次数	餐饮服务 食材供应服务 食品研发服务	实际出售餐食数 食材供应次数 食品研发次数

任务二　作业成本的计算

 任务描述

作业成本的计算主要由作业中心设计、资源动因选择与计量、作业成本汇集、作业动因选择与计量、作业成本分配五大步骤组成。企业选择作业成本法进行成本管理,需要清晰地识别作业、作业链、资源动因和成本动因,为资源费用以及作业成本的追溯或分配提供合理的依据。另外,企业还应拥有先进的计算机及网络技术,配备完善的信息系统,以便及时、准确地提供各项资源、作业、成本动因等方面的信息。

 案例导入

承接任务一的案例,在对公司的成本信息进行汇总后,进一步分类,得到公司作业成本信息总结表(表 6.2-1)。

表 6.2-1　　　　　　　　　　　　　作业成本信息总结表

资源	资源动因	作业中心	作业动因
人工成本	工作天数	餐饮服务	实际出售餐食数/份
包装耗材	次数		
能耗费	次数		
人工成本	工作天数	食材供应服务	食材供应次数/次
运输费	次数		
其他费用	次数		
人工成本	工作天数	食品研发服务	食品研发次数/次
折旧费	次数		
场地租赁费	次数		

根据企业作业成本信息总结表和任务一的案例给出的数据,利用作业成本法计算地锅鸡、藤椒鱼的单位成本。

(1) 根据案例企业费用明细和企业作业成本中心设计情况,完成作业成本归集计算表(表6.2-2)。

表 6.2-2　　　　　　　　　　　　　作业成本归集计算表

金额单位：元

作业中心	资源	资源费用
餐饮服务	人工成本	
	包装耗材	
	能耗费	
	合计	
食材供应服务	人工成本	
	运输费	
	其他费用	
	合计	
食品研发服务	人工成本	
	折旧费	
	场地租赁费	
	合计	

(2) 根据成本岗位业务资源和已完成任务,完成主要作业单位成本计算表(表6.2-3)。

表 6.2-3　　　　　　　　　　　　　主要作业单位成本计算表

金额单位：元

作业中心	作业动因	资源费用合计	作业成本动因量			作业单位成本
			地锅鸡	藤椒鱼	合计	
餐饮服务	实际出售餐食数/份					
食材供应服务	食材供应次数/次					
食品研发服务	食品研发次数/次					

注：作业单位成本四舍五入保留四位小数填列。

（3）完成作业成本分配计算表（表 6.2-4）。

表 6.2-4　　　　　　　　　　　　　作业成本分配计算表

金额单位：元

作业中心	作业动因	作业单位成本	作业成本动因量			作业成本		
			地锅鸡	藤椒鱼	合计	地锅鸡	藤椒鱼	合计
餐饮服务	实际出售餐食数/份							
食材供应服务	食材供应次数/次							
食品研发服务	食品研发次数/次							

注：作业成本以完整小数位数引用作业单位成本进行计算，四舍五入保留整数进行填列。

（4）完成地锅鸡和藤椒鱼的单位成本计算，填制作业成本分配表（表 6.2-5）。

表 6.2-5　　　　　　　　　　　　　作业成本分配表

金额单位：元

项目	地锅鸡	藤椒鱼	合计
实际出售餐食数/份			
餐饮服务成本			
食材供应服务成本			
食品研发服务成本			
成本合计			
实际出售餐食成本/(元/份)			

注：实际出售餐食成本四舍五入保留整数填列。

知识储备

一、概述

作业成本的计算主要由作业中心设计、资源动因选择与计量、作业成本汇集、作业动因选择与计量、作业成本分配等程序构成(图6.2-1)。

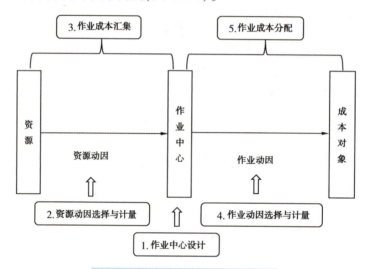

图 6.2-1　作业成本法的计算

二、主要步骤

（一）作业中心设计

作业中心设计,是指企业将认定的所有作业按照一定的标准进行分类,形成不同的作业中心,作为资源费用追溯或分配对象的过程。

作业中心可以是某一项具体的作业,也可以是若干个相互联系的能够实现某种特定功能的作业的集合。

企业可按照五种作业类型,即产量级作业、批别级作业、品种级作业、客户级作业和设施级作业,分别设计相应的作业中心。

（二）资源动因选择与计量

资源动因是引起资源耗用的成本动因,它反映了资源耗用与作业量之间的因果关系。资源动因选择与计量为将各项资源费用归集到作业中心提供了依据。

企业应识别当期发生的每一项资源消耗,分析资源耗用与作业中心作业量之间的因果关系,选择并计量资源动因。

企业一般应选择那些与资源费用总额呈正比例关系变动的资源动因作为资源费用分配

的依据。

(三) 作业成本汇集

作业成本汇集,是指企业根据资源耗用与作业之间的因果关系,将所有的资源成本直接追溯或按资源动因分配至各作业中心,计算各作业总成本的过程。

作业成本汇集应遵循以下基本原则:

(1) 对于为执行某种作业直接消耗的资源,应直接追溯至该作业中心。

(2) 对于为执行两种或两种以上作业共同消耗的资源,应按照各作业中心的资源动因量比例分配至各作业中心。

企业可以根据资源的五种类型,将资源费用直接追溯或分配至各作业中心。

(四) 作业动因选择与计量

在作业中心仅包含一种作业的情况下,所选择的作业动因应该是引起该作业耗用的成本动因;在作业中心由若干个作业集合而成的情况下,企业可分析比较各具体作业动因与该作业中心成本之间的相关关系,选择相关性最大的作业动因,即代表性作业动因,作为作业成本分配的基础。

(五) 作业成本分配

作业成本分配,是指企业将各作业中心的作业成本按作业动因分配至产品等成本对象,并结合直接追溯的资源费用,计算出各成本对象的总成本和单位成本的过程。

作业成本分配一般按照表6.2-6中的两个程序进行。

表6.2-6　　作业成本分配程序

程序	解释	相关公式
1. 分配次要作业成本至主要作业,计算主要作业的总成本和单位成本	企业应按照各主要作业耗用每一次要作业的作业动因量,将次要作业的总成本分配至各主要作业,并结合直接追溯至次要作业的资源费用,计算各主要作业的总成本和单位成本	次要作业成本分配率＝次要作业总成本÷该作业动因总量 某主要作业分配的次要作业成本＝该主要作业耗用的次要作业动因量×该次要作业成本分配率 主要作业总成本＝直接追溯至该作业的资源费用＋分配至该主要作业的次要作业成本之和 主要作业单位成本＝主要作业总成本÷该主要作业动因总量
2. 分配主要作业成本至成本对象,计算各成本对象的总成本和单位成本	企业应按照各主要作业耗用每一次要作业的作业动因量,将次要作业成本分配至各主要作业,并结合直接追溯至成本对象的单位水平资源费用,计算各成本对象的总成本和单位成本	某成本对象分配的主要作业成本＝该成本对象耗用的主要作业成本动因量×主要作业单位成本 某成本对象总成本＝直接追溯至该成本对象的资源费用＋分配至该成本对象的主要作业成本之和 某成本对象单位成本＝该成本对象总成本÷该成本对象的产出量

解决"案例导入"中的问题。

任务解析：

（1）根据案例企业费用明细和企业作业成本中心设计情况，完成作业成本的归集（表6.2-7）。

表6.2-7　　　　　　　　　　　　作业成本归集计算表

金额单位：元

作业中心	资源	资源费用
餐饮服务	人工成本	790 000
	包装耗材	500 000
	能耗费	134 000
	合计	1 424 000
食品供应服务	人工成本	240 000
	运输费	200 000
	其他费用	100 000
	合计	540 000
食品研发服务	人工成本	170 000
	折旧费	300 000
	场地租赁费	500 000
	合计	970 000

（2）根据成本岗位业务资源和已完成任务，完成主要作业单位成本计算表（表6.2-8）。

表6.2-8　　　　　　　　　　　　主要作业单位成本计算表

金额单位：元

作业中心	作业动因	资源费用合计	作业成本动因量			作业单位成本
			地锅鸡	藤椒鱼	合计	
餐饮服务	实际出售餐食数/份	1 424 000	28 000	21 600	49 600	28.709 7
食品供应服务	食材供应次数/次	540 000	310	155	465	1 161.290 3
食品研发服务	食品研发次数/次	970 000	255	131	386	2 512.953 4

注：作业单位成本四舍五入保留四位小数填列。

作业成本分配程序：分配次要作业成本至主要作业，计算主要作业的总成本和单位成本。

本案例中不存在次要作业，因此可以省略分配次要作业成本至主要作业。主要作业有"餐饮服务""食品供应服务""食品研发服务"三种，三种主要作业的总成本可根据"作业成本归集计算表"进行填列。主要作业单位成本计算如下：

餐饮服务作业单位成本＝餐饮服务作业总成本/餐饮服务作业成本动因总量＝1 424 000/49 600＝28.709 7(元)

食品供应服务作业单位成本＝食品供应服务作业总成本/食品供应服务作业成本动因总量＝540 000/465＝1 161.290 3(元)

食品研发服务作业单位成本＝食品研发服务作业总成本/食品研发服务作业成本动因总量＝970 000/386＝2 512.953 4(元)

(3) 完成主要作业成本分配计算表(表6.2-9)。

表6.2-9　　作业成本分配计算表

金额单位：元

作业中心	作业动因	作业单位成本	作业成本动因量			作业成本		
			地锅鸡	藤椒鱼	合计	地锅鸡	藤椒鱼	合计
餐饮服务	实际出售餐食数/份	28.709 7	28 000	21 600	49 600	803 871	620 129	1 424 000
食品供应服务	食材供应次数/次	1 161.290 3	310	155	465	360 000	180 000	540 000
食品研发服务	食品研发次数/次	2 512.953 4	255	131	386	640 803	329 197	970 000

备注：作业单位成本四舍五入保留四位小数填列。作业成本以完整小数位数引用作业单位成本进行计算，四舍五入保留整数进行填列。

作业成本分配程序：分配主要作业成本至成本对象。

本题进行主要作业成本分配，分配主要作业成本至成本对象，公式如下：

某成本对象分配的主要作业成本＝该成本对象耗用的主要作业成本动因量×主要作业单位成本

地锅鸡和藤椒鱼分配的主要作业成本计算如下：

地锅鸡餐饮服务作业成本＝餐饮服务作业单位成本×地锅鸡餐饮服务作业成本动因量＝1 424 000/49 600×28 000＝803 871(元)

藤椒鱼餐饮服务作业成本＝餐饮服务作业单位成本×藤椒鱼餐饮服务作业成本动因量＝1 424 000/49 600×21 600＝620 129(元)

地锅鸡食品供应服务作业成本＝食品供应服务作业单位成本×地锅鸡食品供应服务作业成本动因量＝540 000/465×310＝360 000(元)

藤椒鱼食品供应服务作业成本＝食品供应服务作业单位成本×藤椒鱼食品供应服务作

业成本动因量 = 540 000/465 × 155 = 180 000(元)

地锅鸡食品研发服务作业成本 = 食品研发服务作业单位成本 × 地锅鸡食品研发服务作业成本动因量 = 970 000/386 × 255 = 640 803(元)

藤椒鱼食品研发服务作业成本 = 食品研发服务作业单位成本 × 藤椒鱼食品研发服务作业成本动因量 = 970 000/386 × 131 = 329 197(元)

(4) 完成地锅鸡和藤椒鱼的单位成本计算,填制作业成本分配表(表6.2-10)。

表6.2-10　　　　　　　　　　作业成本分配表

金额单位：元

项目	地锅鸡	藤椒鱼	合计
实际出售餐食数/份	28 000	21 600	49 600
餐饮服务成本	803 871	620 129	1 424 000
食品供应服务成本	360 000	180 000	540 000
食品研发服务成本	640 803	329 197	970 000
成本合计	1 804 674	1 129 326	2 934 000
实际出售餐食成本/(元/份)	64	52	59

注：实际出售餐食成本四舍五入保留整数填列。

作业成本分配程序：计算各成本对象的总成本和单位成本。

本题进行地锅鸡和藤椒鱼的总成本和单位成本的计算，计算各成本对象的总成本和单位成本。公式如下：

某成本对象总成本 = 直接追溯至该成本对象的资源费用 + 分配至该成本对象的主要作业成本之和

某成本对象单位成本 = 该成本对象总成本 ÷ 该成本对象的产出量

地锅鸡和藤椒鱼的总成本和单位成本计算如下：

地锅鸡的总成本 = 直接追溯至地锅鸡的资源费用 + 分配至地锅鸡的主要作业成本之和
　　　　　　 = 直接追溯至地锅鸡的资源费用 + (分配至地锅鸡的餐饮服务作业成本 + 分配至地锅鸡的食品供应服务作业成本 + 分配至地锅鸡的食品研发服务作业成本)
　　　　　　 = 0 + (803 871 + 360 000 + 640 803)
　　　　　　 = 1 804 674(元)

地锅鸡单位成本 = 地锅鸡的总成本/地锅鸡实际出售餐食数 = 1 804 674/28 000
　　　　　　 ≈ 64(元)

藤椒鱼的总成本 = 直接追溯至藤椒鱼的资源费用 + 分配至藤椒鱼的主要作业成本之和
　　　　　　 = 直接追溯至藤椒鱼的资源费用 + (分配至藤椒鱼的餐饮服务作业成本 + 分配至藤椒鱼的食品供应服务作业成本 + 分配至藤椒鱼的食品研发服务作业成本)

$$= 0 + (620\ 129 + 180\ 000 + 329\ 197)$$
$$= 1\ 129\ 326(元)$$

藤椒鱼单位成本 = 藤椒鱼的总成本/藤椒鱼实际出售餐食数 = 1 129 326/21 600 ≈ 52(元)

合计单位成本 = 合计总成本/合计实际出售餐食数 = 2 934 000/49 600 ≈ 59(元)

项目七

标准成本法

项目描述

标准成本法是成本管理领域重要的工具方法之一。本项目首先介绍标准成本法的基本理论,进而对标准成本的确定、成本差异的计算与分析做了阐释。通过本项目的学习,学生可以更加清楚地理解标准成本法的原理以及标准成本的确定及其差异的计算与分析,提高实践能力。

学习目标

1. 理解标准成本法的概念
2. 掌握直接材料标准成本的确定
3. 掌握直接人工标准成本的确定
4. 掌握制造费用标准成本的确定
5. 掌握成本差异的计算与分析

课程思政

标准化、精细化:降成本、促管理

标准化、精细化在企业的管理中发挥着重要功能,尤其是在成本核算中可以起到很好的节约成本、提高成本效益的作用。通过本视频,让学生体会标准化、精细化在企业成本核算与管理中的重要性,从而树立责任意识,培养学生精益求精的工匠精神。

精细化管理降成本

项目七 标准成本法

任务一 标准成本的确定

任务描述

标准成本法是以预先制定的标准成本为基础,用标准成本与实际成本进行比较,核算和分析成本差异的一种产品成本计算方法,也是加强成本控制、评价经济业绩的一种成本控制制度。它的核心是按标准成本记录和反映产品成本的形成过程和结果,并借以实现对成本的控制。采用标准成本法的前提和关键是标准成本的制定。

案例导入

一、企业基本情况

(1) 名称:徐州辉宏奶粉制品有限公司。
(2) 性质:小中型非上市有限责任公司(增值税一般纳税人)。
(3) 地址:徐州市泰山路15号。
(4) 开户银行:中国银行徐州泰山路支行。
(5) 企业属于制造业,生产脱脂奶粉,所需原料有脱脂乳粉、乳清粉、食品添加剂。
(6) 公司有着较为稳定的生产条件,生产流程和工艺标准化程度较高,为了实现对成本的精细化管理,对该产品采用标准成本法进行核算和控制。

二、相关标准成本资料(表7.1-1、表7.1-2、表7.1-3)

表7.1-1　　　　　　　　　直接材料价格标准和用量标准

项目	标准		
	脱脂乳粉	食品添加剂	乳清粉
价格标准	45元/千克	15元/千克	30元/千克
用量标准	3千克/件	6千克/件	9千克/件

表7.1-2　　　　　　　　　直接人工价格标准和用量标准

项目	标准
月标准总工时	15 600 小时
月标准总工资	168 480 元
单位产品工时用量标准	1.5 小时/件

107

表7.1-3　　　　　　　　　　　制造费用价格标准和用量标准

项目		标准
工时	月标准总工时	15 600 小时
	单位产品工时标准	1.5 小时/件
变动制造费用	标准变动制造费用总额	56 160 元
固定制造费用	标准固定制造费用总额	187 200 元

请根据以上业务完成产品单位标准成本的确定。

具体业务处理参照"任务实施"。

知识储备

一、标准成本法概念

标准成本法，是指企业以预先制定的标准成本为基础，通过比较标准成本与实际成本，计算和分析成本差异，揭示成本差异动因，进而实施成本控制、评价经营业绩的一种成本管理方法。

二、标准成本法应用程序

企业应用标准成本法，一般按照确定应用对象、制定标准成本、实施过程控制、成本差异计算与动因分析，以及修订与改进标准成本等程序进行。在制定标准成本时，企业一般应结合经验数据、行业标杆或实地测算的结果，运用统计分析、工程试验等方法，按照以下程序进行：

（1）就不同的成本或费用项目，分别确定消耗量标准和价格标准。

（2）确定每一成本或费用项目的标准成本。

（3）汇总不同成本项目的标准成本，确定产品的标准成本。

三、标准成本的确定

产品标准成本通常由直接材料标准成本、直接人工标准成本和制造费用标准成本构成。每一成本项目的标准成本应分为用量标准和价格标准，具体构成情况如表7.1-4所示。

表7.1-4　　　　　　　　　　　标准成本构成

成本项目	用量标准	价格标准
直接材料	单位产品消耗量	原材料价格
直接人工	单位产品人工小时	小时工资率
变动制造费用	单位产品人工小时	小时制造费用分配率

（一）直接材料标准成本

直接材料标准成本，是指直接用于产品生产的材料成本标准，包括标准用量和标准单价两方面。材料按计划成本核算的企业，材料的标准单价可以采用材料计划单价。直接材料标准成本的计算公式如下：

直接材料标准成本 = 单位产品的标准用量 × 材料的标准单价

（二）直接人工标准成本

直接人工标准成本，是指直接用于产品生产的人工成本标准，包括标准工时和标准工资率。直接人工标准成本的计算公式如下：

直接人工标准成本 = 单位产品的标准工时 × 小时标准工资率

（三）制造费用标准成本

制造费用成本标准应区分变动制造费用项目和固定制造费用项目分别确定。

1. 变动制造费用标准成本

变动制造费用，是指通常随产量变化而成正比例变化的制造费用。变动制造费用项目的标准成本根据标准用量和标准价格确定。变动制造费用的标准用量可以是单位产量的燃料、动力、辅助材料等标准用量，也可以是产品的直接人工标准工时，或者是单位产品的标准机器工时。变动制造费用的标准价格可以是燃料、动力、辅助材料等标准价格，也可以是小时标准工资率等。变动制造费用的计算公式如下：

变动制造费用项目标准成本 = 变动制造费用项目的标准用量 × 变动制造费用项目的标准价格

2. 固定制造费用标准成本

固定制造费用，是指在一定产量范围内，其费用总额不会随产量变化而变化，始终保持固定不变的制造费用。固定制造费用一般按照费用的构成项目实行总量控制；也可以根据需要，通过计算标准分配率，将固定制造费用分配至单位产品，形成固定制造费用的标准成本。固定制造费用标准成本的计算顺序及公式如下：

固定制造费用总成本 = ∑固定制造费用项目标准成本

固定制造费用标准分配率 = 标准固定制造费用总额 ÷ 标准总工时

固定制造费用标准成本 = 单位产品工时标准 × 固定制造费用标准分配率

任务实施

完成"案例导入"中的问题。

（1）直接材料单位标准成本（表7.1-5）。

表7.1-5　　　　　　　　　　　直接材料单位标准成本

项目	标准		
	脱脂乳粉	食品添加剂	乳清粉
价格标准①	45元/千克	15元/千克	30元/千克
用量标准②	3千克/件	6千克/件	9千克/件
标准成本③=②×①	135元/件	90元/件	270元/件
直接材料单位标准成本④=∑③	495元		

（2）直接人工单位标准成本（表7.1-6）。

表7.1-6　　　　　　　　　　　直接人工单位标准成本

项目	标准
月标准总工时①	15 600 小时
月标准总工资②	168 480 元
标准工资率③=②÷①	10.8 元/小时
单位产品工时用量标准④	1.5 小时/件
直接人工单位标准成本⑤=④×③	16.2 元/件

（3）制造费用标准成本（表7.1-7）。

表7.1-7　　　　　　　　　　　制造费用标准成本

	项目	标准
工时	月标准总工时①	15 600 小时
	单位产品工时标准②	1.5 小时/件
变动制造费用	标准变动制造费用总额③	56 160 元
	标准变动制造费用分配率④=③÷①	3.6 元/小时
	变动制造费用标准成本⑤=②×④	5.4 元/件
固定制造费用	标准固定制造费用总额⑥	187 200 元
	标准固定制造费用分配率⑦=⑥÷①	12 元/小时
	固定制造费用标准成本⑧=②×⑦	18 元/件
	制造费用单位标准成本⑨=⑤+⑧	23.4 元

课程思政

诚信为本、诚信做人、诚信做事

诚信是建立社会主义和谐社会的内在要求,同时也是企业良好发展的必备条件,成本会计人员掌握着企业部分商业机密,因此职业素养的培养尤为重要。通过本视频,让学生加强基本职业道德学习,认识到诚信对企业经济利益的重要性,以及对我国社会经济稳定与发展的影响,来警示学生作为会计人员要诚信为本、诚信做人、诚信做事。

诚信是金

任务二 成本差异的计算与分析

任务描述

成本差异是指实际成本与标准成本之间的差异,反映实际成本脱离预定目标程度的信息。企业应定期将实际成本与标准成本进行比较和分析,确定差异数额及性质,揭示差异形成的动因,落实责任中心,寻求可行的改进途径和措施。

案例导入

承接任务一的案例,脱脂奶粉的产量及工时资料、标准成本资料、实际成本资料如表7.2-1、表7.2-2、表7.2-3所示。请根据以上资料计算直接材料(脱脂乳粉)、直接人工、制造费用的成本差异以及计算成本差异总额,并对产生差异的原因进行分析。

表7.2-1　　　　　　　　　　　产量及工时资料

项　目	数　量
脱脂奶粉实际产量	8 000 件
原材料(脱脂乳粉)实际用量	32 000 千克
实际用工工时	10 000 小时
脱脂奶粉预算产量	10 400 件

111

表 7.2-2　　　　　　　　　　　标准成本资料

项　目	标　准
原材料价格标准	45 元/千克
原材料用量标准	3 千克/件
标准工资率	10.8 元/小时
标准工时	1.5 小时/件
变动制造费用标准分配率	3.6 元/小时
固定制造费用标准分配率	12 元/小时

表 7.2-3　　　　　　　　　　　实际成本资料

项　目	金　额
原材料实际价格	40 元/千克
实际应付直接人工工资	110 000 元
实际变动制造费用	40 000 元
实际固定制造费用	190 000 元

具体业务处理参照"任务实施"。

知识储备

成本差异包括直接材料成本差异、直接人工成本差异、制造费用成本差异,制造费用成本差异又包括变动制造费用成本差异和固定制造费用成本差异。

一、直接材料成本差异

直接材料成本差异,是指直接材料实际成本与标准成本之间的差额,该项差异可分解为直接材料价格差异和直接材料数量差异。直接材料价格差异,是指在采购过程中,直接材料实际价格偏离标准价格所形成的差异;直接材料数量差异,是指在产品生产过程中,直接材料实际消耗量偏离标准消耗量所形成的差异。有关计算公式如下:

直接材料成本差异 = 实际成本 − 标准成本
直接材料成本差异 = 直接材料价格差异 + 直接材料数量差异
直接材料价格差异 = 实际耗用量 ×（实际单价 − 标准单价）
直接材料数量差异 =（实际耗用量 − 标准耗用量）× 标准单价

二、直接人工成本差异

直接人工成本差异,是指直接人工实际成本与标准成本之间的差额,该差异可分解为工资率差异和人工效率差异。工资率差异,是指实际工资率偏离标准工资率形成的差异,按实际工时计算确定;人工效率差异,是指实际工时偏离标准工时形成的差异,按标准工资率计算确定。有关计算公式如下：

直接人工成本差异 = 实际成本 – 标准成本

直接人工成本差异 = 直接人工工资率差异 + 直接人工效率差异

直接人工工资率差异 = 实际工时 × (实际工资率 – 标准工资率)

直接人工效率差异 = (实际工时 – 标准工时) × 标准工资率

三、制造费用成本差异

（一）变动制造费用成本差异

变动制造费用的差异，是指变动制造费用的实际成本与变动制造费用的标准成本之间的差额，该差异可分解为变动制造费用的价格差异和数量差异。变动制造费用的价格差异，是指燃料、动力、辅助材料等变动制造费用项目的实际价格偏离标准价格的差异；变动制造费用的数量差异，是指燃料、动力、辅助材料等变动制造费用项目的实际消耗量偏离标准用量的差异。

变动制造费用成本差异 = 实际成本 – 标准成本

变动制造费用成本差异 = 变动制造费用价格差异 + 变动制造费用数量差异

变动制造费用价格(耗费)差异 = 实际工时 × (变动制造费用实际分配率 – 变动制造费用标准分配率)

变动制造费用数量(效率)差异 = (实际工时 – 标准工时) × 变动制造费用标准分配率

（二）固定制造费用成本差异

固定制造费用成本差异，是指固定制造费用实际成本与标准成本之间的差额。其计算公式如下：

固定制造费用成本差异 = 固定制造费用实际成本 – 固定制造费用标准成本

四、变动成本差异形成的原因及责任归属分析

（一）变动成本差异形成的原因分析(表7.2-4)

表7.2-4　　　　　　　　　　　差异形成的原因分析

差异	差异形成的原因分析
材料用量差异	产品设计结构、原料质量、工人的技术素质水平、废品率的高低、设备管理水平等，都会导致材料用量的差异
材料价格差异	受各种主客观因素的影响，较为复杂，如市场价格、供货厂商选择、运输方式、材料质量、采购批量等的变动
人工及制造费用效率差异	工人技术水平与责任感、计划的安排、工作环境和设备条件的好坏、动力供应情况等，都会影响效率的高低
工资率差异	工资制度的变动，工人的升降级、出勤率等都将导致工资率差异

(二) 变动成本差异责任归属的分析(表 7.2-5)

表 7.2-5　　变动成本差异责任归属的分析

	价格差异			用量差异		
	直接材料价格差异	直接人工工资率差异	变动制造费用价格差异	直接材料数量差异	直接人工效率差异	变动制造费用数量差异
主要责任部门	采购部门	劳动人事部门		生产部门		
注意	通常不是生产部门的责任			但也不是绝对的,如采购材料质量差异导致材料数量差异是采购部门的责任		

知识链接

固定制造费用差异分析方法

1. 两因素分析法

固定制造费用成本差异 = 固定制造费用耗费差异 + 固定制造费用能量差异

(1) 耗费差异 = 实际固定制造费用 - 预算产量下标准固定制造费用

(2) 能量差异 = 预算产量下标准固定制造费用 - 实际产量下标准固定制造费用 = (预算产量下标准工时 - 实际产量下标准工时) × 标准分配率

2. 三因素分析法

固定制造费用成本差异 = 固定制造费用耗费差异 + 固定制造费用产量差异 + 固定制造费用效率差异

(1) 耗费差异 = 实际固定制造费用 - 预算产量下标准固定制造费用 = 实际固定制造费用 - 预算产量下标准工时 × 标准分配率

(2) 产量差异 = 预算产量下标准固定制造费用 - 实际产量下实际工时 × 标准分配率

(3) 效率差异 = (实际产量下实际工时 - 实际产量下标准工时) × 标准分配率

课程思政

有法可依,有法必依,坚持准则

作为会计人员在工作中首先要做到的就是依法守法、坚持准则。通过本视频,给学生灌输法治的重要性,有利于学生在潜移默化中养成"有法可依、有法必依"的法治观念。同时在标准成本法的学习及应用中要遵循中华人民共和国会计法、企业财务通则和企业会计准则,以及管理会计应用指引第 300 号——成本管理、第 302 号——标准成本法的相关规定。

加大普法力度,
弘扬法治精神

任务实施

解决"案例导入"中的问题。

1. 直接材料成本差异(脱脂乳粉)

(1) 直接材料成本差异 = 40 × 32 000 - 45 × 3 × 8 000 = 200 000(元)(不利差异)

(2) 材料耗用量差异 = 45 × (32 000 - 8 000 × 3) = 360 000(元)(不利差异)

(3) 材料价格差异 = (40 - 45) × 32 000 = -160 000(元)(有利差异)

2. 直接人工成本差异

(1) 直接人工成本差异 = 110 000 - 8 000 × 10.8 × 1.5 = -19 600(元)(有利差异)

(2) 直接人工效率差异 = 10.8 × (10 000 - 1.5 × 8 000) = -21 600(元)(有利差异)

(3) 直接人工工资率差异 = (110 000 ÷ 10 000 - 10.8) × 10 000 = 2 000(元)(不利差异)

3. 变动制造费用成本差异

(1) 变动制造费用成本差异 = 40 000 - 8 000 × 1.5 × 3.6 = -3 200(元)(有利差异)

(2) 变动制造费用效率差异 = (10 000 - 8 000 × 1.5) × 3.6 = -7 200(元)(有利差异)

(3) 变动制造费用耗费差异 = (40 000 ÷ 10 000 - 3.6) × 10 000 = 4 000(元)(不利差异)

4. 固定制造费用成本差异

(1) 固定制造费用的成本差异 = 190 000 - 8 000 × 1.5 × 12 = 46 000(元)(不利差异)

(2) 耗费差异 = 190 000 - 10 400 × 1.5 × 12 = 2 800(元)(不利差异)

(3) 能量差异 = (10 400 × 1.5 - 8 000 × 1.5) × 12 = 43 200(元)(不利差异)

5. 成本差异总额 = 200 000 + (-19 600) + (-3 200) + 46 000
 = 223 200(元)(不利差异)

项目八

成本报表与成本管理分析报告

项目描述

通过本项目的学习,学生可对成本报表的概念、特点和编制有更深入的认识,进而掌握成本管理分析的基本方法,能进行成本管理分析报告的撰写,为今后从事成本管理或成本分析工作奠定基础。

学习目标

1. 理解成本报表的概念和特点
2. 掌握全部产品生产成本表、主要产品单位成本表以及各类成本项目明细表的结构和编制方法
3. 理解成本管理分析的内容
4. 掌握成本管理分析的基本方法
5. 能够撰写成本管理分析报告,准确分析成本管理存在的问题,并提出相应建议

案例导入

 一、企业基本情况

(1) 名称:天津大华机械制造有限责任公司。
(2) 性质:中小型非上市有限责任公司(增值税一般纳税人)。
(3) 地址:天津市劳动路321号。
(4) 开户银行:中国银行天津北区支行。
(5) 企业属于制造业,主要从事齿轮生产和销售。主要耗用的原材料为钢材;本月投产产品均按照生产耗用数量领用原材料,存货按实际成本法核算,原材料发出计价和库存商品发出计价均采用月末一次加权平均法。

二、相关成本资料（表 8-1 至表 8-6）

表 8-1   2020 年 7—12 月钢材实际消耗量

项目	7 月	8 月	9 月	10 月	11 月	12 月
总消耗量/吨	56.50	60.50	77.70	85.00	90.20	97.90
产量/个	20 001	22 878	30 196	33 621	35 783	39 072
钢材平均价格/(元/吨)	4 180.46	4 210.79	4 280.52	4 320.43	4 272.56	4 264.10

表 8-2   2020 年 7—12 月钢材消耗量预算

项目	7 月	8 月	9 月	10 月	11 月	12 月
总消耗量/吨	57	63	80	85	92	100
产量/个	20 000	23 900	30 000	33 500	37 500	39 900
钢材平均价格/(元/吨)	4 200	4 200	4 300	4 300	4 300	4 300

表 8-3   2020 年 7—12 月实际人工成本

单位：元

项目	7 月	8 月	9 月	10 月	11 月	12 月	合计
职工工资	165 000	170 000	185 000	190 000	190 000	200 000	1 100 000
保险费	54 450	56 100	61 050	62 700	62 700	66 000	363 000
住房公积金	16 500	17 000	18 500	19 000	19 000	20 000	110 000
培训费	3 000	0	0	2 000	0	0	5 000
合计	238 950	243 100	264 550	273 700	271 700	286 000	1 578 000

表 8-4   2020 年人工成本预算

单位：元

项目	全年预算	一季度	二季度	三季度	四季度
职工工资	2 060 000	480 000	480 000	500 000	600 000
保险费	679 800	158 400	158 400	165 000	198 000
住房公积金	206 000	48 000	48 000	50 000	60 000
培训费	20 000	5 000	5 000	5 000	5 000
合计	2 965 800	691 400	691 400	720 000	863 000

表8-5　　　　　　　　　　　2020年7—12月实际制造费用

单位：元

项目	7月	8月	9月	10月	11月	12月	合计
职工工资	39 000	40 200	41 400	42 000	43 800	48 000	254 400
保险费	12 870	13 266	13 662	13 860	14 454	15 840	83 952
住房公积金	3 900	4 020	4 140	4 200	4 380	4 800	25 440
折旧费	50 000	50 000	50 000	50 000	50 000	50 000	300 000
燃料及动力	100 000	110 000	118 000	121 000	130 000	142 000	721 000
机物料消耗	62 000	63 000	64 100	65 000	66 000	69 000	389 100
合计	267 770	280 486	291 302	296 060	308 634	329 640	1 773 892

表8-6　　　　　　　　　　　2020年制造费用预算

单位：元

项目	全年预算	一季度	二季度	三季度	四季度
职工工资	481 000	110 000	110 000	121 000	140 000
保险费	158 730	36 300	36 300	39 930	46 200
住房公积金	52 381	11 979	11 979	13 177	15 246
折旧费	600 000	150 000	150 000	150 000	150 000
燃料及动力	1 330 000	300 000	300 000	330 000	400 000
机物料消耗	730 000	170 000	170 000	190 000	200 000
合计	3 352 111	778 279	778 279	844 107	951 446

请进行成本报表编制与成本管理分析报告撰写。

知识储备

一、成本报表的概念和特点

成本报表是根据企业日常产品成本费用的核算资料以及预算等其他有关资料定期或不定期编制的，用以反映企业在一定时期产品成本费用的水平及其构成情况的报告文件。成本报表作为企业内部使用的报表，其编制目的主要是为了服务企业管理人员，便于其分析和考核成本预算的完成情况，并进行同行业的对比，以此加强对成本的管理和控制。

成本报表与对外报表相比较，具有如下特点：
（1）成本报表在内容上更具有针对性。
（2）成本报表在报送时间、编制格式和种类上更具有灵活性。

(3) 成本报表在提供成本信息方面更具有全面性。

二、成本报表编制的依据与要求

(一) 编制成本报表的主要依据

1. 相关法律法规

成本报表虽然在内容、格式上可以依据企业需要自行设定,但在成本的核算方面,仍然要符合《企业会计准则》《管理会计基本指引》《管理会计应用指引》等法律法规的要求。

2. 相关核算、统计资料

(1) 成本账簿资料。

(2) 成本费用预算资料。

(3) 财务报表。

(4) 与成本相关的其他资料。

(二) 成本报表的编制要求

1. 数字可靠

数字真实可靠是成本报表编制的首要要求,以便使用者根据成本数据做出正确的决策。这就需要企业做好以下工作:一是日常核算规范、准确,基础数据来源可靠;二是在进行成本报表的数据计算时,要采用正确、合理的方法,并尽可能做到统计口径一致。

2. 内容完备

成本报表的种类、项目要完备,表内各指标要填写完整,补充资料要全面列示,必要情况下,应附有相应文字说明。

3. 编报及时

成本报表应及时编报,尽快向企业反馈出现的成本问题,这样有利于企业管理者掌握成本费用的真实情况,及时调控决策。

三、成本报表的编制方法

(一) 全部产品生产成本表

产品生产成本表反映的是企业在报告期内所生产全部产品的总成本,可用于考核和分析企业本年全部生产成本、年度预算完成情况,也可用于与上年度的对比。表 8-7 是根据案例资料编制的。

表 8-7　　第三、四季度齿轮生产成本表

单位：元

项目	第三季度			第四季度		
	预算	实际	完成率	预算	实际	完成率
直接材料	848 000	823 545	97.12%	1 191 100	1 170 077	98.23%
直接人工	720 000	746 600	103.69%	863 000	831 400	96.34%
制造费用	844 107	839 558	99.46%	951 446	934 334	98.20%
本期生产成本合计	2 412 107	2 409 703	99.90%	3 005 546	2 935 811	97.68%

（二）主要产品单位成本表

主要产品单位成本表作为产品成本表的补充，反映企业在报告期内所生产的各种主要产品单位成本的构成情况及历史情况，应当分产品进行编制。表 8-8 是根据案例资料编制的。

表 8-8　　第三、四季度齿轮单位成本表

项目	第三季度				第四季度			
	预计产量/个	预算单位成本/元	实际产量/个	实际单位成本/元	预计产量/个	预算单位成本/元	实际产量/个	实际单位成本/元
直接材料	73 900	11.47	73 075	11.27	110 900	10.74	108 476	10.79
直接人工		9.74		10.22		7.78		7.66
制造费用		11.42		11.49		8.58		8.61
单位产品生产成本合计		32.64		32.98		27.10		27.06

（三）各类成本项目明细表

成本项目明细表可用于反映企业直接材料、直接人工和制造费用的构成与增减变化，便于分析和考核料工费预算的完成情况以及单位产品费用。表 8-9 至表 8-12 是根据案例资料编制的。

表 8-9　　单位产品实际耗用原材料成本表

项目	7月	8月	9月	10月	11月	12月
总消耗量/吨	56.50	60.50	77.70	85.00	90.20	97.90
产量/个	20 001	22 878	30 196	33 621	35 783	39 072

续表

项目	7月	8月	9月	10月	11月	12月
钢材平均价格/（元/吨）	4 180.46	4 210.79	4 280.52	4 320.43	4 272.56	4 264.10
单位产品耗用量/千克	2.82	2.64	2.57	2.53	2.52	2.51
单位产品耗用钢材成本/元	11.81	11.14	11.01	10.92	10.77	10.68

表 8-10　　　　　　　　　　　　人工成本明细对比表

单位：元

项目	第三季度			第四季度		
	预算	实际	完成率	预算	实际	完成率
职工工资	500 000	520 000	104.00%	600 000	580 000	96.67%
保险费	165 000	171 600	104.00%	198 000	191 400	96.67%
住房公积金	50 000	52 000	104.00%	60 000	58 000	96.67%
培训费	5 000	3 000	60.00%	5 000	2 000	40.00%
合计	720 000	746 600	103.69%	863 000	831 400	96.34%

表 8-11　　　　　　　　　　　　制造费用明细对比表

单位：元

项目	第三季度			第四季度		
	预算	实际	完成率	预算	实际	完成率
职工工资	121 000	120 600	99.67%	140 000	133 800	95.57%
保险费	39 930	39 798	99.67%	46 200	44 154	95.57%
住房公积金	13 177	12 060	91.52%	15 246	13 380	87.76%
折旧费	150 000	150 000	100.00%	150 000	150 000	100.00%
燃料及动力	330 000	328 000	99.39%	400 000	393 000	98.25%
机物料消耗	190 000	189 100	99.53%	200 000	200 000	100.00%
合计	844 107	839 558	99.46%	951 446	934 334	98.20%

表 8-12　　　　　　　　　　单位产品制造费用明细表

项目	第三季度		第四季度	
	实际总额/元	单位成本/(元/个)	实际总额/元	单位成本/(元/个)
职工工资	120 600	1.63	133 800	1.21
保险费	39 798	0.54	44 154	0.40
住房公积金	12 060	0.16	13 380	0.12
折旧费	150 000	2.03	150 000	1.35
燃料及动力	328 000	4.44	393 000	3.54
机物料消耗	189 100	2.56	200 000	1.80
合计	839 558	11.36	934 334	8.43

四、成本管理分析的内容与方法

（一）成本管理分析的内容

成本分析是在成本核算的基础上，结合预算、定额、标准成本等其他有关资料，运用一定的方法，对影响成本的因素进行科学分析，查明成本升降的原因，以便控制成本、降低费用，提高企业经济效益。具体包括以下内容：

（1）事前成本分析，是指对成本情况进行预测，建立成本管理控制的目标，分为成本预算分析和成本决策分析。

（2）事中成本分析，是指根据成本费用预算、标准成本或定额成本，对正在执行的情况进行分析，防止出现偏离目标成本费用的现象。

（3）事后成本分析，是指对成本费用预算、标准成本或定额成本等执行的最终结果进行评价，以利于分析产生成本费用差异的原因，挖掘企业降低成本、增加效益的潜力。例如，材料采购成本分析、材料耗用成本分析、人工成本分析等。

（二）成本管理分析的方法

成本管理分析的方法主要分为比较分析法、比率分析法、连环替代法和差额计算法等。

1. 对比分析法

对比分析法根据比较对象不同，可分为：与历史标准比较，即与以前年度同期或者上期相比；与行业标准比较，即与行业正常水平相比；与预算标准比较，即将实际数与预算数相比，考核预算完成率。例如：

$$完成率 = \frac{实际金额}{预算金额} \times 100\%$$

2. 比率分析法

（1）相关比率分析法。该方法将两个相关但又不相同的数据进行对比，计算比率，以体现指标之间的相对水平，分析有关因素之间的对应情况。例如：

销售成本率 = $\dfrac{营业成本}{营业收入} \times 100\%$

成本利润率 = $\dfrac{利润总额}{营业成本} \times 100\%$

（2）趋势比率分析法。该方法将几个时期的同类指标进行对比，计算比率，以分析该指标的变化趋势或增长（下降）速度。例如：

同比增长率 = $\dfrac{本期数 - 同期数}{同期数} \times 100\%$

环比增长率 = $\dfrac{本期数 - 上期数}{上期数} \times 100\%$

（3）结构比率分析法。该方法通过计算某一指标的各个组成部分占该指标总体的比重，以分析其构成的合理性与变化情况。

拓展知识

连环替代法

连环替代法是将某一综合指标分解为若干个相互联系的因素，并分别计算、分析每个因素影响程度的一种方法。其分析程序为：

1. 将影响经济指标的各个因素按依存关系，分解为基数和实际数。假设某一经济指标 N 由 A、B、C 三个因素共同影响，基数和实际数的计算公式为：

基数：$N_0 = A_0 \times B_0 \times C_0$

实际数：$N_1 = A_1 \times B_1 \times C_1$

实际数与基数之间的差异：$D = N_1 - N_0$

2. 以基数为基础，依次连续地用实际数替换各因素对应的基数，直至全部替换完为止。

基数：$N_0 = A_0 \times B_0 \times C_0$　　　　①

替换 A 因素：$N_A = A_1 \times B_0 \times C_0$　　②

替换 B 因素：$N_B = A_1 \times B_1 \times C_0$　　③

替换 C 因素：$N_C = A_1 \times B_1 \times C_1$　　④

3. 将每次计算结果与前次计算结果相比，得出某一因素对成本指标变动的影响程度。

② - ① = $D_A = N_A - N_0$　　　　A 因素变动产生的影响

③ - ② = $D_B = N_B - N_A$　　　　B 因素变动产生的影响

④ - ③ = $D_C = N_C - N_B$　　　　C 因素变动产生的影响

4. 将各因素的影响数值相加，即为被分析指标实际数与基数的总差异程度。

$$D = D_A + D_B + D_C$$

差额计算法

差额计算法是连环替代法的一种简化形式。差额计算法与连环替代法的计算结果是一致的。其基本模式如下：

$N_A = (A_1 - A_0) \times B_0 \times C_0$　　　　A 因素变动产生的影响

$N_B = A_1 \times (B_1 - B_0) \times C_0$　　　　B 因素变动产生的影响

$N_C = A_1 \times B_1 \times (C_1 - C_0)$　　　　C 因素变动产生的影响

各因素的影响结果是：$D = D_A + D_B + D_C$

课程思政

企业主动管理，准确把握影响成本变动的关键因素，提高成本管理水平，使企业持续盈利能力更加稳固。

企业主动管理，
锁定成本，规避风险

五、成本管理分析报告案例

天津大华机械制造有限责任公司2020年7—12月成本分析报告

公司领导：

根据本公司 2020 年 7—12 月的钢材、人工和制造费用实际耗用情况，结合公司管理标准分析如下：

（一）成本耗用情况分析

1. 2020 年第三季度的实际产量为 73 075 个，预计产量为 73 900 个，低于预算 825 个；第四季度的实际产量为 108 476 个，预计产量为 110 900 个，低于预算 2 424 个。第三季度实际单位成本 32.98 元/个，预算单位成本 32.64 元/个；第四季度实际单位成本 27.06 元/个，预算单位成本 27.10 元/个，单位成本有所下降，其中，制造费用成本下降是首要因素。

2. 12 月份总消耗 97.90 吨，比 11 月份增加 7.70 吨，环比增加 8.54%（7.70÷90.20×100%）。产量 39 072 个，比 11 月份增加 3 289 个，环比增加 9.19%（3 289÷35 783×100%）。单个产品耗用量 2.51 千克，比上月略有下降，单个产品下降 0.01 千克，已实现连续 5 个月持续下降。单个产品钢材耗用成本 10.68 元，比上月略有下降，单个下降 0.09 元。由于单个产品耗用量的下降，导致单个产品耗用钢材成本下降 0.38 元[(10.68−10.77)×4 272.56÷1 000)]；由于钢材价格下降，导致单个产品耗用钢材成本下降 0.02 元[(4 264.10−4 272.56)×2.51÷1 000]。

3. 12 月份，产品单个产品耗用量为 2.51 千克，已连续 5 个月下降，相比 2019 年 12 月单个产品耗用量 2.84 千克，单个已经下降了 0.33 千克，下降了 11.62%。消耗下降的主要原因是钢材利用率的提高和工艺的改进，为企业单个产品节省费用 1.41 元（0.33×

4 264.10÷1 000），单个产品增利1.41元。

4. 钢材是企业产品的重要组成部分，其耗用受生产工艺、钢材质量、钢材规格、现场利用率等多种因素的影响，涉及技术研发、材料采购、现场生产等多个环节，即设计环节要从源头把控，控制设计成本；供应环节要公开招标，控制采购成本；生产环节要进行有效管理，减少生产浪费。

5. 2020年第三季度实际产生人工成本746 600元，预算720 000元，完成预算的103.69%，实际完成超过预算金额；第四季度实际产生人工成本831 400元，预算863 000元，完成预算的96.34%，实际完成与预算基本一致。

6. 培训费在第三季度和第四季度的实际发生金额分别为3 000元和2 000元，两个季度在该项目的预算均为5 000元，完成率分别为60%和40%，与预算金额差异较大。

7. 2020年第三季度实际发生制造费用839 558元，预算844 107元，完成预算的99.46%；第四季度实际发生制造费用934 334元，预算951 446元，完成预算的98.20%，两个季度的实际完成均与预算基本一致。

8. 从制造费用总体耗费金额来看，燃料及动力和机物料消耗与产量高度相关，产量增加，耗用量也随之增加；从单位产品制造费用金额来看，第四季度燃料及动力和机物料消耗分别为3.54元/个和1.80元/个，第三季度燃料及动力和机物料消耗分别为4.44元/个和2.56元/个，下降幅度较大，分别达到20.16%和29.52%。

（二）分析结论

1. 企业12月份钢材耗用量的增加，主要是由于生产产品数量的增加造成的，12月比11月多生产3 289个齿轮，多耗用7.70吨钢材，单个耗用2.51千克，比11月份下降0.01千克，已经连续6个月实现下降。

2. 企业单个产品耗用量的下降，除生产部门现场管理加强外，研发部门改进技术，提高钢材利用率是重要原因，也是提高产品竞争力的关键。

3. 第四季度由于是市场情况最好的时期，生产安排紧密，因此培训费实际支出与预算差距较大。

4. 第三季度和第四季度的制造费用控制成效显著，减少不必要的浪费有助于降低产品成本。

（三）财务管理建议

1. 单个产品耗用量已经连续5个月下降，较去年同期下降了11.62%，若后续再要大幅下降，建议公司组织采购、研发、生产等部门在一起共同研讨单个产品成本耗用量下降的措施。

2. 继续加强现场的管理，并对工人进行技能培训，开展"生产技能大比武"的专项活动，提高钢材的利用率。

3. 对于钢材利用后的边角料，也要加强控制，及时处理。

4. 要重视对员工的继续教育，关注培训费支出，如果后半年生产安排紧密，没有时间进行员工培训，可结合企业实际情况，增加上半年度的培训预算，适当减少下半年的培训预算。

5. 进一步加强对燃料及动力和机物料消耗这两项制造费用的控制。

以上成本分析报告仅作为财务管理决策的参考依据。

2020年12月31日